W0224549

Preußischer Bilderbogen

parthas berlin

Der alte Ennich, Zigarrenstumpen rauchender Malermeister meines Heimatstädtchens im einst preußischen Harz, hatte »bei den Preußen« als blutjunger Infanterist den Ersten Weltkrieg mitgemacht. Das Hochzeitsbild zeigt ihn 1918, die polierte preußische Pickelhaube auf dem Kopf, in Positur neben Martha, der Braut. Im Alter entsprossen seinem runden Schädel nur noch wenige kurze graue Borsten, aber wer ihn ansah, dessen Blick blieb zuerst an der vertikalen, wulstigen Narbe quer über seiner Stirn hängen: Andenken an einen der unzähligen, letztlich immer vergeblichen Sturmangriffe an der Verdunfront. Obwohl er, mit den Kameraden in Deckung liegend, den Kopf tief in den Dreck gedrückt hielt, war ihm ein französischer Granatsplitter schräg von oben durch die Helmkante gefahren, hatte die Stirnhaut geschlitzt und war tief im Schultermuskel stecken geblieben. Onkel Ennich war eine Weile wie blind vom sprudelnden Blut, sodass man ihn zuerst für tot hielt, fühlte aber kaum Schmerz, ließ sich nähen und verbinden und vergaß diesen Kratzer bald. Er musste sich um Wichtigeres kümmern: ums Überleben.

Martha, seine Frau, konnte keine Kinder kriegen, aber gut wirtschaften, das konnte sie. Wenigstens ein Schwein war immer im Stall, auch in der schlechtesten Zeit. Und Ennich tapezierte Stuben, lackierte Schlafzimmertüren und malerte Treppenhäuser aus, bis er eines Tages im Herbst des Jahres 1972 einen scharfen Schmerz unter dem Ellenbogen spürte. Der Doktor befühlte die harte, blaugraue Beule, die sich da gebildet hatte, runzelte die Stirn, ließ ein Röntgenbild machen – und da war er wieder, der vergessene Splitter der französischen Schrapnellgranate, einmal durch den halben Malerarm gewandert in beinahe fünfzig Jahren. Man schnitt das schartige Ding heraus und ich sah es mit ehrfürchtigem Gruseln an seinem Ehrenplatz: in Onkel Ennichs und Tante Marthas guter Stube auf dem Vertiko gleich unterm Hochzeitsbild.

Der Name *Preußen* stammt vom baltischen Volksstamm der Pruzzen. Dieser wurde von den ostwärts expandierenden Deutschordensrittern gewaltsam christianisiert und ist bis auf seinen Namen völlig aus der Geschichte verschwunden. Die preußischen Kurfürsten steuerten ihr aus so magerem Boden entsprossenes Staatsschifflein schlecht und recht durch die Jahrhunderte, bis der Dreißigjährige Krieg ihnen beinahe den Garaus machte. Danach beginnt mit dem *Großen Kurfürsten* Preußens Aufstieg als europäische Macht. Zunächst belächelt, später aber gefürchtet von den etablierten Herrscherhäusern: ein Flickenteppich dünn besiedelter, oft sumpfiger, meist unfruchtbarer Landstriche mit weit verstreuten, spärlichen Städtchen ohne entwickeltes Bürgertum. Friedrich III. aus dem Hause Hohenzollern wollte – mit dem unerreichbaren Traum vom Sonnenkönig im Herzen – unbedingt preußischer König werden. Dies gelang ihm durch den Einsatz enormer Geldmittel, sodass er sich hoch verschuldet am 18. Januar 1701 in Königsberg selbst die Krone aufsetzte. Er durfte aber nur »König *in* Preußen« heißen. Ein kleiner Schönheitsfehler wie seine etwas verwachsene Gestalt, aber der neuen Pracht tat dies wenig Abbruch.

Der Flickenteppich entwickelte sich infolge fortwährender Kriege, straffer Verwaltung und planvoller wirtschaftlicher Expansion zu einer soldatengespickten Landmasse im Herzen Europas, die am Ende mehr als zwei Drittel des einstigen Heiligen Römischen Reiches Deutscher Nation umfasste. Genau einhundertsiebzig Jahre nach der Selbstkrönung des *schiefen Fritzen* wurde Wilhelm von Preußen im Versailles des französischen Sonnenkönigs zum deutschen Kaiser ausgerufen. Vorangegangen war ein durch den Kanzler Bismarck geschickt provozierter erfolgreicher Eroberungskrieg gegen den »Erbfeind« Frankreich. Nicht durch Parlamentsreden und Majoritätsbeschlüsse, so tönte der Herrenreiter und Sozialistenhasser Bismarck, nein, allein durch Blut und Eisen werde das Reich geschmiedet. So geschah es und da stand es nun von Preußens Gnaden. Unter ohrenbetäubendem deutschnationalen Getöse ereigneten sich die *Gründerjahre*. Die preußische Kapitale Berlin wurde deutsche Hauptstadt und wuchs ins Ungeheure.

Der Erste Weltkrieg – von einer ebenso arroganten wie eroberungssüchtigen Elite aus adligen Militärs, Junkern und »alldeutschen« Strategen gewollt, durch einen eitlen Hasardeur namens Wilhelm II. mit vom Zaun gebrochen – ging gründlich verloren. Friedrich Engels hatte es schon 1887 vorausgesehen:

Endlich ist kein andrer Krieg für Preußen-Deutschland mehr möglich als ein Weltkrieg, und zwar ein Weltkrieg von einer bisher nie geahnten Ausdehnung und Heftigkeit. Acht bis zehn Millionen Soldaten werden sich untereinander abwürgen und dabei ganz Europa so kahlfressen wie noch nie ein Heuschreckenschwarm. Die Verwüstungen des Dreißigjährigen Krieges zusammengedrängt in drei bis vier Jahre und über den ganzen Kontinent verbreitet: Hungersnot, Seuchen, allgemeine durch akute Not hervorgerufene Verwilderung der Heere wie der Volksmassen, rettungslose Verwirrung unseres künstlichen Getriebs in Handel, Industrie und Kredit, endend im allgemeinen Bankrott; Zusammenbruch der alten Staaten und ihrer traditionellen Staatsweisheit, derart, daß die Kronen zu Dutzenden über das Straßenpflaster rollen und niemand sich findet, der sie aufhebt …

Der letzte Preußenkaiser stahl sich 1919 aus der Geschichte ins bequeme holländische Exil, seine Kronen tatsächlich auf dem Pflaster zurücklassend. Einer verpfuschten, verratenen Arbeiter- und Soldatenrevolution, von Reichswehr und Freikorps zusammengeschossen, folgten politisch wenige glückliche republikanische Jahre. Die alten Eliten blieben einflussreich: Das Offizierskorps träumte von Revanche, die Justiz war auf dem rechten Auge blind und die Fahne der Republik wurde als *schwarzrotmostrich* geschmäht. Die Minderheit der Reformer, Republikaner und Föderalisten wurde von der braunen Flut weggeschwemmt:

Letzter preußischer Ministerpräsident war niemand anderes als der Erz-Nazi Hermann Göring. Und der hatte nicht viel Mühe, Polizei, Militär und Beamtenapparat auf »neuen« Kurs zu bringen – Hitlers Kurs. Die Potsdamer Konferenz der Sieger des Zweiten Weltkriegs beschloss, den Staat Preußen als Hort und Inbegriff des deutschen Militarismus endgültig aufzulösen. *Finis Borussiae?*

Der *Soldatenkönig* Friedrich Wilhelm, der, schon im Rollstuhl sitzend und unter Wassersucht sowie quälenden Darmkrämpfen leidend, doch immer wieder Unmengen scharf gebratenen Fleisches und blähenden Gemüses in sich hineinschlang, hatte das Erbübel aller regierenden Hohenzollern: Sie waren hart oder schwächlich, gierig oder genügsam, pflichtbesessen oder faul, Kommissköpfe oder Schöngeister – jeder aber auf seine Weise halsstarrig bis zur Selbstzerstörung: eine Genealogie uniformierter Wotane. Preußen war ihr Geschöpf und mit ihnen ging es unter, um fröhlich fortzuleben in Bauten, Parks, Denkmustern, Verwaltungsapparaten, Gesetzen, Prinzipien, Tugenden und Lastern …

Die Wurzel der legendären *preußischen Tugenden* ist ein protestantisch-calvinistisches Arbeitsethos, verbunden mit vergotteten »Soldatentugenden« von Selbstlosigkeit, Pflicht, Dienstbeflissenheit und lustvollem Gehorsam.

Der Publizist Sebastian Haffner, durchaus ein Preußenanhänger, sah das so:

Wer seine Pflicht tat, sündigte nicht, mochte er tun, was er wollte. Ein zweites Gebot war, gegen sich selbst gefälligst nicht wehleidig zu sein; und ein drittes, schon schwächeres, sich gegen seine Mitmenschen vielleicht nicht geradezu gut, das wäre übertrieben, aber: anständig zu verhalten.

Christan Graf von Krockow, Historiker aus ostelbischer Junkersfamilie, sagt es anders:

So wurden die Tugenden preußisch verwandelt; so haben sie statt einer staunenswerten Bürgergesellschaft den staunenswerten Staat geschaffen, für den nicht der Wohlstand zählte, sondern die Macht. Macht aber ist ein Mittel, kein Selbstzweck; die Frage stellt sich daher, wozu man sie nutzt. Und das im genauen Wortsinn Fragwürdige an den preußischen Tugenden ist, dass sie dazu schweigen.

Preußische Sparsamkeit sowie Unbestechlichkeit oder Toleranz galten durchaus nicht immer und gleichermaßen für alle Landeskinder. Die Volksschullehrer, oft genug ausgediente Soldaten, trommelten ihren Schülern die siegreichen Schlachten und rührseligen Legenden Preußens mit dem Rohrstock ein. Anstelle einer demokratisch verfassten Bürgergesellschaft wuchs ein durch und durch militarisierter Obrigkeitsstaat.

Am Anfang und ganz am Ende des dunkelsten Deutschlands stehen symbolische Preußen-Beschwörungen: Der *Tag von Potsdam* im März 1933 sah die Vertreter der Hohenzollern mit Reichswehr und Naziprominenz vereint und noch bis zum Schluss im Bunker der Reichskanzlei hoffte der geschlagene Diktator Hitler unter dem Anton-Graff-Porträt des *Alten Fritzen* auf eine »wunderbare Wendung« des Kriegsglücks, wie sie seinem Idol einhundertfünfundachtzig Jahre zuvor widerfahren war.

Die Traditionslinien laufen nicht zwingend von Friedrich II. über Bismarck zu Hitler. Und Offiziere aus alten preußischen Adelsfamilien waren es immerhin, die – gewiss allzu spät und erst im Angesicht der Niederlage – den alles entscheidenden Tyrannenmord versuchten. Aber da ist das militärisch-politische Abenteurertum, dieses skrupellose *Alles oder Nichts* (wie schwarz und weiß, die Farben Preußens), dieses *Siegen oder Untergehen*, welches Friedrich II. den zweifelhaften Beinamen *der Große* einbrachte. Möglich nur durch Kultivierung eines effektiven, aber unfreien, zentralistischen Staatswesens, das kritische Geister einebnet oder austreibt, staatsbürgerliche Rechte von oben zuteilt, widerwillig zugestandene demokratische Freiheiten von der Polizei kontrollieren lässt und emanzipatorische Bewegungen auszulöschen sucht.

Heißer Sommer des Jahres 1976, preußischblau dein Himmel über Potsdam, der sozialistischen Bezirksstadt, und Berlin, Hauptstadt der DDR; Wolkentupfen wie zerzauste Grenadiersperücken, brüchig-galante Figuren en gros zwischen planvoll arrangierten Baumgruppen, Maulwurfshügeln, Papierkörben und Rasenkanten: Und ich hatte meinen Zeichenblock dabei. Vierzehn Tage war ich auf Entdeckungstour um die Potsdamer Schlösser. Da ist das verfallene Belvedere Friedrich Wilhelms IV. auf dem Pfingstberg (Sowjetsoldaten auf Ausgang haben die Namen ihrer Liebsten eingekratzt), der überwucherte jüdische Friedhof, dessen Kapelle makabererweise einem Potsdamer Sargmacher als Warenlager diente, oder die zum Pissoir degradierte Ruine des Pomona-Tempels. Unter den Linden, vor Schinkels Neuer Wache paradierte mittwochs das Wachregiment *Friedrich Engels* der Nationalen Volksarmee. Diesen knallenden Stechschritt würde ich später noch genauer kennenlernen – am eigenen Leibe während des »Grundwehrdienstes«. Schräg gegenüber, zwischen Dom und Marstall die Leerstelle: Der Palast der Republik und ein Parkplatz statt der abgeräumten Ruinen des Hohenzollernschlosses. Christian Daniel Rauchs Reiterstandbild Friedrichs II. erspähte ich eher zufällig im Park von Sanssouci, zwischen hohen Hecken versteckt. Später sollte es wieder an seinen Standort zurückkehren, als der *reale Sozialismus* – nicht lang vor seinem eigenen Untergang – Preußen noch als »nationales Erbe« entdeckte. Dieses *rote Preußen* hat mir das Fell gegerbt: Vom Pioniergruß *Immer bereit!* bis zum Sturmbahn-Drill bei der Nationalen Volksarmee, der seine abendliche Entsprechung im Latrinenstrafschrubben fand.

Daniel Chodowiecki, der polnisch-preußische Kupferstecher, Illustrator und zeichnende Chronist hat bewiesen, dass man auf Papier und mittels filigraner Lineaturen sehr wohl eine ganze Epoche spiegeln kann.

Natürlich stellte er, ausgestattet mit gesundem Geschäftssinn, auch Haupt- und Staatsaktionen dar. Die Prägnanz, Dichte und Wahrhaftigkeit seiner grafischen Szenen aber, für die ihn schon Lichtenberg schätzte, erreichte er durch die genaue Beobachtung von Verhalten und Habitus seiner Mitbürger. Zeichnende Analyse statt gefälligem Schwulst, trockener, melancholischer Humor statt modischer Empfindsamkeit.

Ein neues deutsches Kaiserreich von Preußens und Bismarcks Gnaden suchte und brauchte Legitimation im Glanz vergangener Eroberungskriege. Der Maler Adolph Menzel studierte die friderizianischen Requisiten, Schlachtfelder und Neusiedlerdörfer, wurde fündig in Zeughäusern, Kostüm- Waffen- oder Büchersammlungen. Seine großartigen Illustrationen zur preußischen Geschichte kamen in Form von Büchern und Drucken unter die Leute und wurden deutschnationalromantische Ikonen, gerade weil sie handwerklich so gut und mit nüchterner preußischer Genauigkeit gemacht waren. Als Kaiser Wilhelm II. zu Besuch kam, zog der kleine Maler zwar seinen Staatsfrack mit dem höchsten preußischen Orden *pour le merite* über, aber in seine Bilder ließ er sich auch vom *Imperator Rex* nicht hineinreden.

Ähnlich einem preußischen Don Quichotte steht der letzte Hofmaler Anton von Werner für das wenig ruhmvolle Ende. Während die Künstler der *Berliner Secession* ihre Bilder längst Natur, Luft, Atmosphäre atmen ließen, wollte der Präsident der preußischen Akademie der Künste nichts davon gelten lassen – noch ein letztes Mal (exzellent gemalte) Kostüme, Posen, trotzig behauptete, aber schon durch und durch hohle Größe. Von Werners Riesenschinken strotzen von geschwellten Ordensbrüsten, gewichsten Herrenreiterstiefeln und mannhaft gezwirbelten Bärten. Hinter all dem kann man heute eine geheime Angst vor der Anonymität des Maschinenzeitalters, die tiefe Verunsicherung vor dem Abgrund der Moderne spüren, kaschiert mit von Eichenlaub umkränztem Pomp.

Preußen, das in Deutschland, oder Deutschland, das in Preußen aufgeht: wuchernde Obrigkeiten, eine Staatsidee ohne Staatskultur, jede Bewegung, jede Reform behördlich geregelt, abwechselnd verarmt und neureich, Maschinenstaat, Vernunftstaat, Staat ohne Eigenschaften, Galeere, Arche oder Narrenschiff.

Die Figuren der preußisch-deutschen Geschichte sind voller erstaunlicher, mitunter grotesker Wandlungen: vom empfindsamen Musenjünger zum zynischen *Alten Fritzen*, vom *Kartätschenprinzen* zum Gottvater-Kaiser und König, vom ostelbischen Krautjunker zum reichsdeutschen Großkanzler, vom kaiserlichen General, dem der Erste Weltkrieg *wie eine Badekur* bekam, zum republikanischen Reichspräsidenten, der dann einen gewissen Hitler zum Reichskanzler ernannte ... Über allen Krönungen, Zusammenbrüchen, Teilungen oder Einigungen aber finden wir das Bild des räuberischen schwarzen Flügeltiers mit seinen wechselnden Krallenartikeln.

Was bleibt? Der Entdeckergeist der Humboldts, die Philosophie Hegels, Schleiermachers, Fichtes, Kants, die schöne Literatur Hoffmanns, der Arnims, Kleists, Fontanes oder der aufklärerische Geist Moses Mendelssohns, Ossietzkys, Tucholskys. Wir wären ärmer ohne Bachs wunderbares *Musikalisches Opfer*, von Friedrich II. in Auftrag gegeben, Webers *Freischütz*, uraufgeführt in der Königlichen Oper zu Berlin, oder die auf königlich-preußisches Geheiß entstandenen, zauberhaften Schauspielmusiken des *Hofcompositeurs* Felix Mendelssohn Bartholdy. Eine dem märkischen Sand abgetrotzte Kulturlandschaft, Bauten und Gärten voll Rokoko-Verspieltheit, spätbarocker Pracht, klassizistischer Formstrenge, klar und schön noch in der äußersten Sparsamkeit. Die Lücken? Die ausgebombten, verbrannten, gesprengten Schlösser? Als die alte Potsdamer Nikolaikirche mit ihrer schönen italianisierten Barockfassade abbrannte, stellte man sie nicht wieder her, sondern holte einen modernen, durchaus nicht unumstrittenen Architekten für den zeitgemäßen Neubau: einen gewissen Karl Friedrich Schinkel. Eine borussische *comédie humaine*, ein ebenso beklemmendes wie faszinierendes Panoptikum ist zu besichtigen: Voilà!

Satirische Vignette auf die Zukunft Deutschlands
Münchner Leuchtkugeln. 1848

Markgraf Albrecht Achilles,

erster Kurfürst von Brandenburg, lebte von 1414 bis 1486. In den vorreformatorischen Händeln und blutigen Raufereien der Territorialfürsten unter der löchrigen Haube des Heiligen Römischen Reiches Deutscher Nation fiel er durch besondere kriegerische Tatkraft auf – daher sein antikisierender Beiname, welcher merkwürdigerweise auf Papst Pius II. zurückgehen soll.

Albrecht
Achilles

Kurfürstliches Schlafzimmer

Friedrich Wilhelm und seine kluge Frau Luise Henriette
ganz privat …

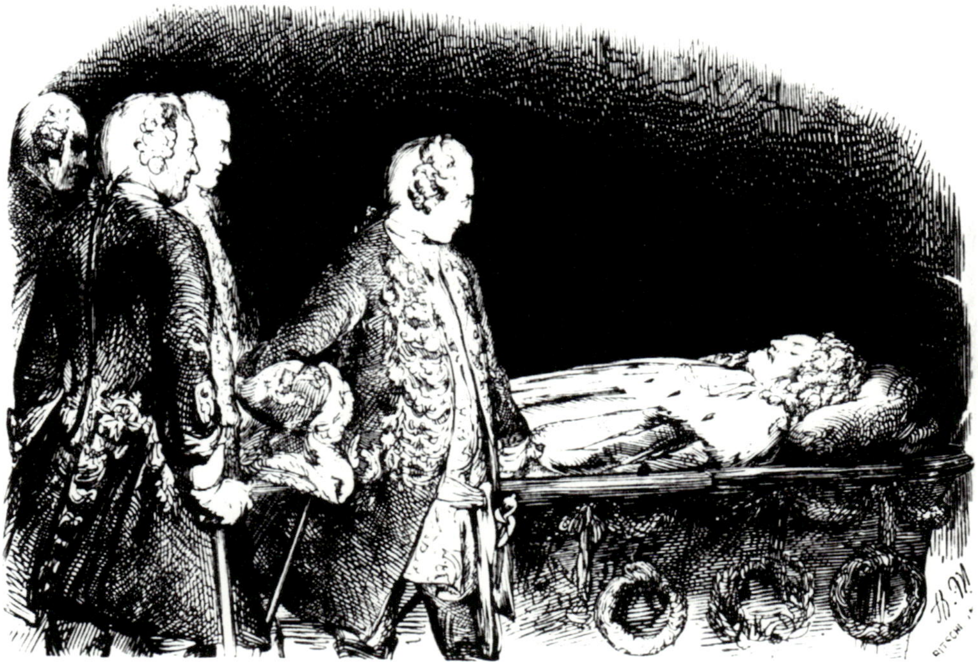

Adolph von Menzel: Illustration aus Kuglers *Geschichte Friedrichs des Großen*

Der *Gewitterkopf*

oder Kurfürst Friedrich Wilhelm erbte ein vom Dreißigjährigen Krieg verwüstetes Land und öffnete es – großzügig, aber ganz und gar nicht uneigennützig – für protestantische Asylbewerber und Flüchtlinge aus dem Westen. Als der *Große Kurfürst* von Statur und Regierungstaten ging er in die Geschichte ein.

Keine Ruhe auch nach dem Tod: Bei einer der gespenstischsten Szenen dynastisch-preußischer Art ließ der junge König Friedrich II. während eines Besuchs der Hohenzollerngruft den Sarg öffnen. Es war wohl so etwas wie ein mystischer Kurzschluss mit der Glorie des Ahnen-Übervaters, kombiniert mit morbider Neugierde auf die mumifizierten Reste, was den jungen Mann da bewegte:

Messieurs, der hat viel getan für Preußen!, soll er gesagt haben.

Der schiefe Fritz

hieß eigentlich Kurfürst Friedrich III., war ein wenig verwachsen und setzte sich 1701 in Königsberg als Friedrich I., König in Preußen, die Krone auf. Mit zahlreichen Hoffestlichkeiten und dem Dreikönigstreffen des Jahres 1709, als Friedrich I. den dänischen König Friedrich IV. und Friedrich August I., König von Polen und Kurfürst von Sachsen, als Gäste in Potsdam empfing, suchte er seinen Staat durch Repräsentation aufzuwerten. Am Ende stand unweigerlich die Krise: Von vier Millionen Talern Staatseinnahmen im Jahr verbrauchte der Hof allein schon die Hälfte. Zwanzig Millionen Taler Schulden und drohender Staatsbankrott – so konnte es nicht weitergehen mit Preußen.

Friedrich war zwar ohne Festigkeit, eitel und glanzsüchtig, doch nicht ohne Wohlwollen und Gutmütigkeit, im Ganzen aber groß in kleinen Dingen und klein in großen. Sein Unglück war, dass er in der Geschichte zwischen einen Vater und einen Sohn gestellt war, die ihn beide an geistigen Kräften überragten. Ihm lag mehr am blendenden Glanz als am Nützlichen, das bloß gediegen ist. 30.000 Untertanen opferte er in den verschiedenen Kriegen des Kaisers und der Verbündeten, um sich die Königskrone zu verschaffen. Und er begehrte sie nur deshalb so heiß, weil er seinen Hang für das Zeremoniewesen befriedigen und seinen verschwenderischen Prunk durch Scheingründe rechtfertigen wollte. Er zeigte Herrscherpracht und Freigiebigkeit. Aber um welchen Preis erkaufte er sich das Vergnügen, seine geheimen Wünsche zu befriedigen.

Friedrich II.

Der *Soldatenkönig*

Friedrich Wilhelm I., Vater des *Alten Fritzen*, sammelte Soldaten wie Spielzeug, liebte hohe Kirchtürme, Bier, Tabakspfeifen, blutige Parforcejagden und eine straffe Staatsverwaltung. Er hasste höfische Verschwendung, aber auch jede Kultur und Wissenschaft, die nicht direkt seinem Staatswesen nutzbar zu machen war.

Die Narrenpossen haben nun ein Ende,

soll er nach der Beerdigung des Vaters gesagt haben, um sogleich dessen Krönungsmantel zu verkaufen – allein die Diamantknöpfe hatten 30.000 Dukaten gekostet. Der König holte nützliche Immigranten ins Land, führte die Schulpflicht ein und ließ Bürgerhäuser am Fließband bauen. Rüsten und Sparen, Pünktlichkeit, Ordnung, soldatische Disziplin und militärische Zucht sind seine Leidenschaften und vierzehn Kinder zeugt er nebenbei auch noch. Die schöngeistigen Neigungen des Thronfolgers Friedrich, den er verächtlich *Querpfeifer* und *Poet* nannte, versuchte er mit dem Rohrstock zu kurieren. Die Leute gingen ihm aus dem Weg und es kam vor, dass er seinen Stock schwingend hinter einem Untertanen herlief und brüllte:

Lieben sollt Ihr mich, nicht fürchten!

Später, gleichermaßen von Krankheiten und Tobsuchtsanfällen geplagt, ermöglichte ihm ein königlicher Patent-Rollstuhl, sich mittels Kurbeln fortzubewegen.

La prusse c'est moi.

Hofmaler

unter Friedrich Wilhelm I. zu sein, hieß, mit Fleiß, Genauigkeit und Pünktlichkeit Soldaten- und Offiziersbilder abzuliefern. Kein Mann in Europa war sicher vor den Werbern des preußischen Königs, wenn er das »Gardemaß« hatte und eine Flinte halten konnte. In Uniform gesteckt, wurde dann einer nach dem anderen, mit genauer Größen-, Namens-, Herkunfts- und Altersangabe von dem Holländer Dismar Degen in Lebensgröße abgemalt. Dass der Künstler gern einem gewissen Drang nach Abwechslung nachgab, war nach Lage der Dinge verständlich, aber – wie man sieht – nicht ganz ungefährlich.

Da dieser König mit Musik, Poesie oder Belletristik wenig anfangen konnte und Künstler, Gelehrte, Schriftsteller gern *Salbader* und *Narren* nannte, blieb ihm nur die – recht spezielle – Neigung zur Malerei. Das Potsdamer Stadtschloss glich einem gemalten Feldlager oder bewohnbaren Fotoalbum: Alle Regimentschefs des Heeres blickten von den Wänden und das Schlafgemach zierten die Porträts der Offiziere des Potsdamer Leibregiments. Am Ende quälte den König die Gicht in allen Gliedern und zur Ablenkung griff er sogar selbst zu Pinsel und Palette: Im Jagdschloss zu Königs Wusterhausen finden sich neben dem sorgfältig präparierten Skelett des längsten der *langen Kerls* auch Erzeugnisse der Malkunst des königlichen Dilettanten. *In tormentis pinxit* liest man unter einigen der unbedarften Ölschinken, *unter Schmerzen gemalt*.

Lange und kurze Kerls

Die königliche Hof- und Garnisonkirche zu Potsdam wurde auf Befehl Friedrich Wilhelms II. aus Rathenower Mauersteinen, Glindower Ziegeln und nach holländischem Vorbild in den sandigen Grund gerammt. Das Ganze wurde mit waffenklirrenden Zutaten drapiert: eine *ecclesia militans* voller Fahnen, Waffen und antikisierender Rüstungen. Die kostbare Marmorkanzel zierte ein zur Sonne aufsteigender preußischer Adler mit der Devise *nec soli cedit – er fürchtet selbst die Sonne nicht.* Eine kleine, trotzige Sottise gegen die weiter westlich residierenden Sonnenkönige in Versailles. Trotz allem mit calvinistischem Glaubensfanatismus gefetteten Selbstbewusstsein: Diesen französischen Alpha-Rüden des Perückenzeitalters konnte der kleine preußische Pinscher nur aus der Ferne anbellen.

Ganz oben, über der Kanzel im Strahlenkranz ein göttliches Auge: Inkarnation der absoluten Zweieinigkeit von Gott und König.

Die Grenadiere der *Leibcompagnie* – vom König närrisch geliebt, hingebungsvoll gedrillt und mit ähnlich hohen »Ablösesummen« gekauft wie heute ein talentierter Fußballspieler von einem Oberliga-Verein – hatten ebenso bedingungslos Ordre zu parieren wie die Geistlichkeit, die Beamten und die Offiziere. Längster aller *langen Kerls* Friedrich Wilhelms war nun aber der mächtige Turm der Garnisonkirche und dessen Glockenspiel intonierte zu jeder vollen Stunde das Kirchenlied:

Üb immer Treu und Redlichkeit
bis an dein kühles Grab
und weiche keinen Finger breit
von Gottes Wegen ab …

Wie schön! Wer will da noch an die rabiaten Zwangswerbungen groß gewachsener junger Männer in ganz Europa, an die brutalen Strafen selbst für lächerlichste Delikte oder an die unzähligen verzweifelten Flucht- und Selbstmordversuche der Soldaten denken? Zu schweigen vom allerhöchst unheiligen Segen, welcher von diesem Altar noch jedem preußisch-deutschen Krieg bis 1945 erteilt wurde.

Der junge Fritz

Das Sonntagskind Friedrich, auch Fritz oder Fritzken genannt, war ein richtiges Glückskind mit auffallend großen blauen Augen. Bis zum sechsten Lebensjahr verbrachte der Prinz seine Tage unter der Obhut der Mutter und der französischen Gouvernante. Diese sprach kein Wort Deutsch, führte Fritzken in die Welt der Feen, Götter und Helden der französischen Literatur ein und wurde von ihm zärtlich *chère maman* genannt. Als der Kronprinz sieben wurde, nahm Vater Friedrich Wilhelm ihn aus den Händen des »Weiberregiments« und übergab ihn der scharfen Zucht seiner Offiziere. Ein väterliches »Erziehungsreglement« liest sich so:

... Am Sonntage soll Er des Morgens um sieben Uhr aufstehen; sobald Er die Pantoffeln an hat, soll Er vor dem Bette auf die Knie niederfallen und zu Gott kurz beten und zwar laut ... Sobald dies geschehen ist, soll Er sich geschwinde und hurtig anziehen und sich propre waschen, schwänzen und pudern und muß das Anziehen und das kurze Gebet in einer Viertelstunde fix und fertig sein ... Dann soll Er frühstücken in sieben Minuten Zeit. Wenn das geschehen ist, dann sollen alle seine Domestiquen hereinkommen, das große Gebet zu halten auf die Knie ... da es drei Viertel auf acht sein wird. ... Fritz darf niemals alleine gelassen werden, weder bei Tag noch bei Nacht, einer der Lehrer soll immer in seinem Zimmer schlafen.

Kein junger Mensch hält das unbeschadet aus und so entwickelte sich ein Mahlstrom aus Hass, Angst, Verstellung und Lüge zwischen Vater und Sohn, an dessen Ende eine Beinahe-Katastrophe stehen musste. Aus diesem *schurkischen Kerl* erwuchs allmählich ein Flöte spielender Weichling und philosophierender Bücherwurm. Als dem Vater schließlich zugetragen wurde, der Sohn habe die blaue preußische Uniform einen Sterbekittel genannt, kannte die königliche Wut keine Grenzen mehr:

Weiß er wohl, daß ich keinen effeminierten Kerl leiden kann, der keine menschlichen Inklinationen hat, der sich schämt, nicht reiten noch schießen kann, und dabei malpropre an seinem Leibe, seine Haare wie ein Narr sich frisieret und nicht verschneidet, und ich Alles dieses tausendmal reprimandiert, aber Alles umsonst und keine Besserung in nichts ist ...

Als der Alte auf den Achtzehnjährigen vor aller Augen einprügelt, ist das Maß voll: Mit Hilfe seines Freundes Hans Hermann von Katte will der Kronprinz nach England fliehen. Die Sache platzt, der König verlangt, dass Köpfe rollen sollen, und Friedrich muss vom Fenster seiner Gefängniszelle in der Festung Küstrin mitansehen, wie sein Freund hingerichtet wird. Es ist genug: Fritz, ein gebrochener Charakter, panzert sich mit Kälte und Arroganz, macht einen unehrlichen Frieden mit dem Vater, heiratet auf Befehl eine ungeliebte Elisabeth Christine von Braunschweig-Bevern und bekommt daraufhin wenigstens ein paar glückliche Kronprinzenjahre im Schloss Rheinsberg.

»Junger Fritz«

Ao. 1767.
WAHRHEIT. UND. FREYHEIT.
EUROPA
Freitag,
Berlinische Nachrichten
von
Staats- und gelehrten

< Die verzweifelte Galeere

war ein Ehrentitel, mit welchem Gotthold Ephraim Lessing Preußen bedachte. Diese Sentenz ist nicht ganz so bekannt wie Friedrichs großspuriger Satz von den *Gazetten, wenn sie interessant sein sollen, müssen nicht geniret werden*, der gern als Beweis für die königliche Liberalität zitiert wird. Aber schon wenig später wurde die Zensur wieder eingeführt und ständig verschärft. Lessing versuchte, sich in Berlin als Dramatiker und Journalist durchzuschlagen, aber nach Friedrichs »Blitzkrieg« gegen das bis dahin österreichische Schlesien hielt er es nicht mehr aus:

Lassen Sie doch einmal einen in Berlin versuchen, über andere Dinge so frei zu schreiben. Lassen Sie ihn versuchen, dem vornehmen Hofpöbel die Wahrheit zu sagen. Lassen Sie einen in Berlin auftreten, der für die Rechte der Untertanen und gegen die Aussaugung und den Despotismus seine Stimme erheben wollte, und Sie werden bald die Erfahrung haben, welches Land bis auf den heutigen Tag das sklavischste Land von Europa ist.

Lessing in einem Brief an Friedrich Nicolai

Blut, Schweiß und Trauben im April

1786 stirbt Friedrich in den Armen eines Leibhusaren. Seine sexuelle Identität ist ebenso umstritten und ambivalent wie der Rest des Kerls: Mit dem Freund Hans Hermann von Katte ging er nach dem Bericht von Zeitzeugen um wie ein Liebhaber mit seiner Geliebten. Dem preußischen Minister von Grumkow vertraute er an, er fühle sich zu wenig zum weiblichen Geschlecht hingezogen, um sich vorstellen zu können, eine Ehe einzugehen. Die zwangsweise Angetraute wartete dann ein Leben lang vergeblich auf die Hochzeitsnacht: So bald als möglich aus den königlichen Augen verbannt, sah Elisabeth ihren Gemahl jahrelang gar nicht mehr. Und Voltaire behauptet in seinen (nicht immer verlässlichen) Lebenserinnerungen, dass sich Friedrich nach dem Frühstück mit jungen Kadetten vergnügte:

Derjenige, dem er ein Taschentuch zuwarf, blieb ein kleines Viertelstündchen mit ihm allein.

Auch der Mythos vom Asketen, der nur Philosoph und erster Diener seines Staates sein wolle, lässt sich nicht ganz halten: So leistete Friedrich sich kostbaren Champagner und Weine, Obst wie Kirschen und Melonen im Winter, ließ für seine Windspiele *ein Kleid für den kleinen Hund* als Kälteschutz schneidern und verteilte üppige Zulagen an seine Künstler-Favoriten, um sie an seinen Hof zu binden.

Siegen oder untergehen

Die Possen haben nun ein Ende, meinte abermals ein frisch gekürter preußischer König. Er hatte es damit allerdings auf etwas anderes abgesehen als sein Vater. Zunächst herrschte Euphorie in Preußen, wie im Huldigungsgedicht der *Haude- und Spenerschen Zeitung* nach Friedrichs Machtantritt:

Europa sieht auf Dich, gekrönter Heldensohn,
Es sieht, ein Philosoph besteigt den Königs-Thron;
Ein Weiser, den kein Schein der falschen Staatskunst trieget.
Mein König! Dieser Tag versiegelt unsre Ruh,
Der Stifter unsres Glücks, o Vater, der bist Du!

Es sollte sich zeigen, dass der König durchaus eigenwillige Vorstellungen vom Glück seiner Untertanen hatte. Als Kronprinz noch ausschließlich den schönen Künsten und Wissenschaften zugetan, staatsmännisches Handeln an den strengsten moralischen und aufklärerischen Maßstäben messend, brach er als König einen Eroberungskrieg nach dem anderen vom Zaun. Oft hatte er dabei mehr Glück als Verstand. Mit List und Gewalt fiel er über das reiche Schlesien her und verbrachte die folgenden Kriegs-Jahrzehnte damit, diesen Raub zu sichern. *Siegen oder untergehen* – diese fatale Schein-Alternative zeigt sich hier in Gestalt eines überdimensionierten Pleitegeiers am Denkmal Friedrichs II. in Berlin und macht, wenn schon nicht den König, so doch seine am Sockel versammelten Generäle und ihre Gäule kopfscheu.

Tafelrunde von Sanssouci

Vor und zwischen all seinen Kriegen fand Friedrich Zeit, mithilfe des Baumeisters Knobelsdorff einen namenlosen Hügel bei Potsdam mit dem Schlösschen Sanssouci zu krönen. *Das* Gesamtkunstwerk des preußischen Rokoko, in dem der gespaltene Monarch, einmal ganz *ohne Sorge*, an seiner Tafel berühmte, vorurteilslose, geistreiche Männer versammeln wollte – so dachte er sich's wenigstens und so wollte die legendenhungrige Nachwelt es dann auch sehen. Der Maler Adolph Menzel hielt alles getreu fest – leider ist das Original des Bildes den Bomben des Zweiten Weltkriegs ebenso zum Opfer gefallen wie die königlichen Schlösser zu Potsdam, Berlin und Königsberg. Sanssouci blieb glücklicherweise erhalten und ist nun – zu Recht – kostbarste aller Kronjuwelen der *Stiftung Preußische Schlösser und Gärten Berlin-Brandenburg.* Täglich schlurfen mit Filzpantoffeln bewehrte Touristenhorden aus aller Welt übers königliche Parkett und im Speisesaal hört man statt Gläserklirren und gedämpfter französischer Konversation nun das elektronisch gesampelte Klicken der Digitalkameras.

Do not touch anything, and no flash, please!

Das neueste und letzte Hohenzollern-Schloss Cecilienhof im Potsdamer Neuen Garten, noch während des Ersten Weltkriegs vom letzten Kronprinzen bezogen, wurde beziehungsvoll als Tagungsort der Sieger des Zweiten Weltkriegs gewählt: *Die Großen Drei* Stalin, Truman und Churchill saßen hier über die Zukunft Deutschlands zu Gericht.
Von Sir Winston Churchill ist der Ausspruch überliefert:

Preußen ist, so möchte ich betonen, die Wurzel allen Übels in Deutschland –

was nun wirklich nicht stimmt.
Wenigstens als republikanisch verfasstes Bundesland ist ein (stark geschrumpftes) Rumpf-Preußen wieder auferstanden, regiert von Potsdam, der ewig kleinen Schwester Berlins.

Von Menzels *personnage* der legendären Tafelrunde sind hier nur der König und sein Freund-Feind Voltaire an ihren Plätzen geblieben – zu ihnen gesellen sich, von rechts nach links: Knobelsdorff und Schinkel, preußische Baumeister; Friedrich Wilhelm I., der *Soldatenkönig*; Churchill, englischer Premierminister; Gramlich, Potsdamer Bürgermeister nach 1990; Menzel selbst; Stalin, sowjetischer Generalissimus; Friedrich II.; Stolpe, erster brandenburgischer Ministerpräsident nach 1990; die Gräfin Lichtenau, königlich-preußische Mätresse; Philipp Emanuel Bach, Hofmusiker bei Friedrich II.; Voltaire, Philosoph, Romancier und Aufklärer, zeitweiliger Logiergast in Sanssouci; Truman, amerikanischer Präsident, und im Kronleuchter Einstein, Physiker und Sommerhausbesitzer im nahe gelegenen Caputh.

Märkische
Kinder

< échec au roi*

Voltaire und Friedrich – ein Mythos, der auf einem gegenseitigen Missverständnis beruht. Der Kronprinz schwärmte für den berühmten Franzosen und holte ihn sich, zur Macht gekommen, an den Hof nach Potsdam. Nein, sie hielten es ganz und gar nicht lang miteinander aus: Ihre Gespräche und Briefe triefen von abgefeimten Schmeicheleien, boshaften Liebenswürdigkeiten und vollendeten Gemeinheiten.
Ein dankbares Sujet für den Zeichner, der sich erlaubte, statt der zwei Herren in den besten Jahren, die sich in Potsdam begegneten, zwei ausgeprägte Altersphysiognomien ans Schachbrett zu setzen – so bleiben vom *Philosophen auf dem Thron* wie vom scharfzüngigen Aufklärer nur runzlige Erinnerungen.

* Schach dem König!

Bach in Potsdam

Ein müder, gealterter Bach-Vater macht sich, das Cembalo auf die Postkutsche geschnallt, auf die beschwerliche Reise von Leipzig nach Berlin, um seinen Sohn in königlich preußischen Diensten zu besuchen:

Unter anderem sprach [Friedrich II.] mit mir über Musik und einen großen Organisten namens [Carl Philipp Emanuel] Bach, der soeben in Berlin geweilt hat. Dieser Künstler ist mit einem Talent ausgestattet, das alles überragt, was ich je gehört habe oder mir hätte vorstellen können und zwar in Bezug auf die Tiefgründigkeit, das Harmonieverständnis und die Stärke der musikalischen Ausführung. Nichtsdestoweniger meinen diejenigen, die noch seinen Vater gekannt haben, dass sein Sohn es ihm nicht hätte gleichtun können; der König stimmte dem zu und um es zu beweisen ließ er mir [das Thema] einer chromatischen Fuge, das er dem alten Bach gegeben hatte, vorspielen, woraufhin er erlebte wie dieser eine Fuge zu 4, danach 5 und schließlich acht (!) obligaten Stimmen darüber improvisierte.

Gottfried van Swieten (österreichischer Gesandter in Berlin):
Brief an Graf Kaunitz vom 26. Juli 1774

Ob aber das berühmte, komplexe Thema für Bachs *Musicalisches Opfer* wirklich von Friedrich stammt, scheint zweifelhaft: Es wäre kein schlechter Spaß und keine große Mühe für den listigen Bach gewesen, dem königlichen, als Komponisten eher unbedeutenden Flötenvirtuosen, dieses bedeutende Thema so geschickt unterzuschieben, dass er am Ende glaubte, es wäre ihm selbst eingefallen …

FRIDERICUS REX APOLLINI ET MUSIS

verkündet Knobelsdorffs Opernhaus-Portikus auf dem *forum fridericianum* in Berlin, eingeweiht 1742 mit *Cesare e Cleopatra* von Carl Heinrich Graun. Die (italienische) Oper war schon damals eine kostspielige Vergnügung, wenn man erste Kräfte wie Giovanna Astrina, Barbarina Campari oder den Kastraten Porporino haben wollte – das Honorar des (deutschen) Komponisten war dagegen verhältnismäßig mager.

Der Keller von Sanssouci

Noch einmal Adolph Menzel, weil's so schön war: Sein *Flötenkonzert von Sanssouci* war so suggestiv erfunden, dass es fast personengenau als Szene in den Preußen glorifizierenden Fridericus-Filmen aus den 1930er Jahren wiederkehrte. Für einen König musizierte Friedrich nicht schlecht, wenn sein Geschmack auch recht einseitig war. Immerhin hatte er mit Johann Joachim Quantz und Philipp Emanuel Bach zwei Spitzenkräfte des europäischen Musiklebens in seiner Kapelle. Dem Bach-Sohn war die Stellung in Potsdam auf die Dauer entschieden zu subaltern, zumal der König seinen wahrhaft revolutionären Kompositionsstil nicht schätzte. Bach junior schaffte den Sprung in die junge, weltoffenere bürgerliche Kulturszene der Freien und Hansestadt Hamburg. Quantz schwitzte weiter als königlicher Flötenlehrer, bis seinem Schüler die Vorderzähne ausfielen und es mit dem Musizieren vorbei war. Eine Möglichkeit, trotzdem weiterzumachen, wäre die diskrete Zufuhr von Pressluft aus dem Keller gewesen.

Coffee-Trinken >

Denn es ist abscheulich, wie weit es mit der Konsumtion des Kaffees gehet, und wie viel Geld dafür aus dem Lande geschickt wird, das macht, ein jeder Bauer und gemeiner Mensch gewöhnt sich jetzt zum Kaffee …

Aus einem Erlass Friedrichs II.

Doch der Dichter Gotthold Ephraim Lessing und der Philosoph Moses Mendelssohn gönnen sich das Vergnügen. Moses Mendelssohn machte als kluger Aufklärer und philosophischer Reformer den entscheidenden Schritt zur Gleichberechtigung der Juden in Preußen. Nirgends hatten sie größere Freiheiten – Menschen zweiter Klasse waren sie dennoch. So genoss er zwar den Titel eines *Berlinischen gelehrten Schutzjuden*, musste aber, als er heiraten wollte, um Genehmigung bitten und eine Sondersteuer entrichten: zwangsweiser Kauf von Nippesfiguren der königlich-preußischen Porzellanmanufaktur … Mendelssohn musste sich dann, um die Familie zu ernähren, viele Jahre lang als Buchhalter eines Berliner Textilfabrikanten durchschlagen. Auf die Frage, was er von seinem Arbeitgeber hielt, antwortete er mit salomonischer Freundlichkeit:

Wenn er mein *Buchhalter wäre, könnte ich ihn nicht brauchen!*

RF

Friedrich Wilhelm II.,

ungeliebter Neffe und Nachfolger des *Alten Fritzen*, war weit mehr als bloß *der dicke Lüderjahn* der Berliner Klatschzirkel, er war auch ein Kunstfreund, Cellospieler, Spiritist, Mäzen und Bauherr von Gottes Gnaden: Was wäre Berlin ohne das Brandenburger Tor des königlichen Baumeisters Carl Gotthard Langhans? Mit der Trompetertochter Wilhelmine Enke-Ritz, die der König zur *Gräfin Lichtenau* erhöhte, hatte auch Preußen einige Jahre lang eine – eher schlichte – Madame Pompadour, die entzückende Liebesbriefe wie diesen schrieb:

noch viellen tausent danck vohr alle gütte, die sie mich angethan ..., es ist Ein neues buch Rausgekomen ..., ich werde es binden lassen und ihm zu füssen lehgen, aber mit dem bedinck, es nicht allein zu lehsen, ich mus das vägnügen mit ihnen teillen. Die kinder küssen ihnen die hant ... gott erhalte ihnen gesunt, ihre aufrichtige freundin
Liene v. Burg

Die plebejische Quadriga

Johann Gottfried Schadows Quadriga auf dem Brandenburger Tor in Berlin wurde erst von einem Friedensengel, später von der Siegesgöttin Viktoria in die Stadt hineingelenkt. Der Eroberer Napoleon holte die Skulptur als Trophäe nach Paris, von wo sie dann wieder zurück auf ihren angestammten Platz galoppierte, als der *empereur* – auch mit preußischer Hilfe – besiegt war.
1945 hatten Bombensplitter und Granaten der Roten Armee nicht mehr viel von ihr übrig gelassen. Wieder hergestellt, sah und sieht sie auf so manche deutsche Tor-heit herab …

Dreikönigshoch

Nach den barocken Ausschweifungen in Gestalt der wild bewegten, voluminösen *Allongeperücke*, wie sie noch der erste König in Preußen, Friedrich Wilhelm I., trug, wandelten sich die Formen des gepuderten männlichen Kopfputzes. Der *Soldatenkönig* (ganz unten) trug die kurz gelockte *Stutzperücke* mit possierlichen Zöpfchen über den Ohren. Das friderizianische Zeitalter (Mitte) fertigte jenes Haarteil dann aus Rosshaar, mit je drei umfangreich ondulierten Schläfenlocken und einem von Seidenbändern umwickelten oder mit Pech verklebten Zopf. Später, im angehenden 19. Jahrhundert, als die Klassizisten wieder Echthaar und *Schillerlocken* zu tragen begannen, wurde das abfällig *Zopfstil* genannte Zeitalter zum Synonym einer gezierten, hoffnungslos altmodischen Epoche. Friedrich Wilhelm II. (oben) hingegen, eher unsoldatischer Nachfolger des *Alten Fritzen*, trug noch einmal ganz am Ende des Perückenzeitalters und seinem romantischen Naturell entsprechend ein weiches, bequemes Modell, vielleicht aus feinem Kaninchenhaar. Die Farbe und Beschaffenheit seines natürlichen Kopfbewuchses können wir, wie bei seinen Vorfahren, nur vermuten.

Luft-Schiff

Die Kuppel des Rathauses auf dem Potsdamer Alten Markt ziert eine vergoldete Atlas-Figur: Symbol der Mühen vergangener Magistrate, mit knappen Mitteln und stets unter königlicher Kuratel die Illusion einer europäischen Residenzstadt zu erzeugen. Hinter den repräsentativen Fassaden, Lüstern, Prunkvasen und Gesimsen verbargen sich demzufolge oft nur Fachwerk und Lehm. Stuck und Gips nahmen klassisch-imperiale Formen an und der gemeine Sandstein musste Marmor vorstellen.

Mozart in Potsdam

Ein königlicher Cellospieler und freigiebiger Mäzen im fernen Preußen – da machte sich selbst der notorisch von Geldsorgen geplagte König der Musikwelt aus Wien auf die beschwerliche Reise. Ob die allerhöchste Begegnung im Revolutionsjahr 1789 dann überhaupt zustande kam und was Mozart in diesen vierzehn Berliner und Potsdamer Tagen genau trieb, ist sagenumwoben. Aber immerhin kam vom König ein – großzügig vorab bezahlter – Kompositionsauftrag. Ihm verdankt die Musik liebende Welt Mozarts wunderbare *preußische Quartette* mit besonderer Berücksichtigung des Celloparts. Der Meister erhielt eine brillantenbesetzte Schatulle mit siebenhundert Goldgulden darin. Er berichtete aber seiner Frau Constanze brieflich nur vom Empfang der Schatulle, während der Inhalt sehr wahrscheinlich für Schulden beim Billardspiel draufging – ein klarer Fall von Spielsucht ... Sicher ist nur, dass er einige Tage beim königlichen Hofhornisten in dessen Haus im Holländischen Viertel Potsdams wohnte.

Mir fatal!

Der künftige König Friedrich Wilhelm III. sprach vorzugsweise in Kürzeln. Als der Bildhauer Schadow des Kronprinzen Braut und deren Schwester, die gut gebauten mecklenburgischen Prinzessinnen Luise und Friederike, in hauchdünnen klassizistischen Kleidern formte, ging das dem königlichen Auftraggeber entschieden zu weit. Fatal war ihm Napoleon, fatal jede Reform in Preußen, fatal die hoch erotische, korsettfreie antikisierende Damenmode, die mehr enthüllte als verbarg. Im Winter aber musste diese fürchterlich Frieren machen. Nach einem kurzen, tatkräftigen, kinderreichen Leben starb die schöne Königin Luise folgerichtig früh an der Schwindsucht.

Napoleon in Berlin

Die Franzosenzeit nach der katastrophalen Niederlage der preußischen Armee 1806 und der Flucht des königlichen Hofes nach Ostpreußen brachte neben Einquartierungen, Reparationszahlungen und empfindlichem Gebietsverlust auch die Einführung des bürgerlichen Gesetzbuches sowie einen gewissen *esprit* in die steife preußische Gesellschaft – nicht zu vergessen der sprichwörtliche französische *charme* angesichts königlich preußischer Schönheiten. Napoleons Friedensbedingungen waren so hart, dass Königin Luise in ihrem freizügigsten Kleid einen – leider vergeblichen – Rettungsversuch unternahm …

Mythos Luise

Bey Lebzeiten Ihrer Majestät ist es keinem Mahler gelungen, ein nur einigermaßen ähnliches Bild von Ihr hervorzubringen. Wer hätte es auch wagen dürfen, diese erhabene und doch so heitere Schönheit … wiedergeben zu wollen?

Berliner Abendblätter vom 6. Oktober 1810

Luises Bild – nach frühem Tod scheinbar ewig jung – schillerte, phosphoreszierte und irrlichterte in allen Regenbogenfarben durch die deutsch-preußische Geschichte. Bürgerkönigin? Märtyrerin? Preußische Madonna? Keiner der Hohenzollern, vom *Alten Fritzen* abgesehen, hat ein solches Gebirge von Legenden und Verklärungen hinterlassen. Das *Damen Conversations Lexikon* von 1836 bezeichnet Luise als *Engel des Friedens und der Milde*, als *Mutter aller ihrer Unterthanen* und *glänzendes Beispiel* für die Personalunion von treu sorgender Ehefrau, vielfacher Mutter und beharrlich geduldiger Dienerin des Vaterlandes.

Mehr als von der Verleumdung ihrer Feinde hat Luise von der Phrasenhaftigkeit ihrer Verehrer zu leiden gehabt. Sie starb nicht am Unglück ihres Vaterlandes, das sie freilich bitter genug empfand. Übertreibungen, die dem Einzelnen seine Gefühlsregungen zuschreiben wollen, reizen nur zum Widerspruch,

meinte Theodor Fontane ganz richtig. Übrig bleibt ein wunderbarer frühlingshafter Hauch, der immer aufsteigen wird, wenn man die Mottenkiste der preußischen Geschichte öffnet.

In Staub mit allen Feinden Brandenburgs!

Heinrich von Kleist: Prinz Friedrich von Homburg, 1821

Bernd Wilhelm Heinrich von Kleist, in Anwesenheit von vier Offizieren, drei Offiziersfrauen und zwei adligen Damen getauft, wurde als Fünfzehnjähriger Gefreiter-Korporal im Potsdamer Garderegiment, 1795 Fähnrich und 1797 *Seconde-Lieutenant*. 1799 ließ er sich aus der Armee entlassen:

Die größten Wunder militärischer Disziplin [...] wurden der Gegenstand meiner herzlichsten Verachtung; die Offiziere hielt ich für so viele Exerziermeister, die Soldaten für so viele Sklaven, und wenn das ganze Regiment seine Künste machte, schien es mir als ein lebendiges Monument der Tyrannei.

Er geriet zwischen alle Stühle, als er wilden Patriotismus, Humanität, Moralität und ein unstillbares Verlangen nach Wahrheit zu vereinen versuchte. Krank, ohne Geld, als Dichter gescheitert, verachtet von seiner Familie, die ihn als *ein ganz nichtsnutziges Glied der menschlichen Gesellschaft* betrachtete, schien es ihm unmöglich, das Leben länger zu ertragen.
1811 inszenierten er und seine Freundin ihren gemeinsamen Freitod – nach einem einst in Paris gesehenen Gemälde, das den Tod eines Engels darstellt.

Die Elixiere des E. T. A. Hoffmann

Ein königlich-preußischer Kammergerichtsrat, der zeichnet, dichtet und komponiert – das kann ja nicht gut gehen und so ist nicht erwiesen, ob es immer Hoffmann selbst war, der bei *Lutter und Wegener* am Berliner Gendarmenmarkt die (irdischen) Elixiere von Rhein und Mosel genoss, oder ein finsterer Doppelgänger. Als Autor, Komponist und Theaterdirektor allein kam er nicht auf die Füße, sodass er in den wenig geliebten Dienst des königlich-preußischen Kammergerichts zurückkehren musste. Nach Napoleons Untergang wollte der König von Preußen jegliche bürgerlich-republikanische Regung im Keim ersticken. Ausgerechnet Hoffmann sollte nun an der Verfolgung von Freigeistern, Schwärmern und Träumern von deutscher Einheit mitwirken? Als Richter blieb er einfach fair, human, unbestechlich und damit ein höchst untypisches Exemplar preußisch-deutscher Justizbeamter. Zu seinem Naturell gehörte leider auch jede Art von Rausch: Das beste Rezept, um gleichzeitig die elenden politischen Verhältnisse, die drückenden Schulden und das Banausentum der Zeitgenossen zu vergessen, bestand für ihn aus einem Teil Arrak, einem Teil Likör, einem Teil Absinth und einem Teil süßem Tee, gut gemischt und gewärmt in kleinen, aber entschlossenen Schlucken genossen. Er nannte das in seinen verschlüsselten Tagebüchern *sich montieren*. Derart aufmunitioniert war sein Geist dann in der Lage, die aberwitzigsten Bocksprünge, fantastischsten Volten und schaurig-schönsten Visionen der deutschen Literatur zu vollführen. Und seine rechte Hand schrieb alles ganz von selbst nieder, während die linke nach dem Becher griff.

Arrak.
Die Elixiere des E.T.A. Hoffmann

Wir

Friedrich Wilhelm,

von Gottes Gnaden König von Preußen,

tun kund und fügen hiedurch allen, die es angeht, zu wissen:
Da gegen mehrere Personen in verschiedenen Provinzen Unserer Monarchie ein erheblicher Verdacht entstanden ist, daß sie sich der Teilnahme an hochverräterischen Verbindungen und andern gefährlichen Umtrieben schuldig gemacht und es wegen Wichtigkeit und Verwickelung der Sache, obschon die Verdächtigen unter verschiedenen Gerichten eingesessen sind, erforderlich wird, daß die Untersuchung von einem Gericht, und zwar in Unsern hiesigen Residenzien, geführt werde, so haben Wir
Unsern Geheimen Ober-Revisions-Rat und Kammergerichts-Vize-Präsidenten von Trützschler,
Unsern Kammergerichts- und Pupillen-Rat Sydow,
Unsern Kammergerichts-Rat Hoffmann,
Unsern Kammergerichts-Assessor von Gerlach,
Unsern Kammergerichts-Assessor Kuhlmeyer,
Unsern Regierungs-Assessor Tzschoppe und
Unsern Polizei-Rat Kayser
mit Führung gedachter Untersuchung allergnädigst beauftragt und zu diesem Behuf aus selbigen ein inquirierendes Kriminal-Gericht, welches unter dem Titel
Königlich Preuß. Immediat-Untersuchungs-Kommission
hieselbst seinen Sitz haben und dessen Präsident der gedachte Geheime Rat von Trützschler, dessen Beisitzer aber die anderen genannten Personen sein sollen, errichtet und denselben in Unsern gesamten Landen alle diejenigen Gerechtsame und Prärogativen wie auch dieselbe innere Verfassung beigelegt, welche Unsere Landes-Justiz-Kollegien in ihrer Eigenschaft als inquirierende Kriminal-Gerichte haben …

Gegeben Berlin, den 1. Oktober 1819

Rahel Varnhagen
RF

Drei Preußische Grazien

Geistvolle, einflussreiche Frauen im Preußen des beginnenden 19. Jahrhunderts kamen nicht zufällig aus dem emanzipierten jüdischen Bürgertum und führten unterschiedliche literarische Strömungen, Epochen und Gesellschaftskreise zusammen. Es war ihr Verdienst, Kontakte und Freundschaften auch zwischen vielen deutschen und französischen Gelehrten, Künstlern und Wissenschaftlern hergestellt zu haben. Rahel Varnhagen von Ense, geborene Levin, war eine deutsche Schriftstellerin und Salonière jüdischer Abstammung. Als träumerische Romantikerin vertrat sie Positionen der europäischen Aufklärung und setzte sich zugleich für die jüdische Emanzipation und die Emanzipation der Frauen ein. Dies tat auch Henriette Herz, die zweite und mindestens ebenso berühmte Berliner Salonière. Im Salon der schönen Rahel begegneten sich unter anderen Jean Paul, Ludwig Tieck, Ernst von Pfuel, Wilhelm und Alexander von Humboldt, Friedrich de la Motte-Fouqué, Prinz Louis Ferdinand, Heinrich Heine, Eduard Gans, Ludwig Börne und Fürst Hermann von Pückler-Muskau – kurz, die Crème de la Crème der sogenannten gebildeten Stände Preußens. Dorothea Mendelssohn, älteste Tochter Moses Mendelssohns, lernte hier ihren späteren Mann Friedrich Schlegel kennen.

Eigenthum? Eigenthümlich? Unser Eigenthum ist nur das,
was uns keiner nachmachen kann. Dazu gehört noch unser Sein.

Rahel Varnhagen von Ense

Die blaue Blume der Romantik

wird hier von Bettina von Arnim, geborene Brentano, präsentiert. Es handelt sich um ein von dem Frühromantiker Novalis in die Welt gesetztes, vieldeutiges Symbol der Sehnsucht und der Weltflucht in eine geträumte Unendlichkeit. In dessen verwunschenen Abgründen verirrte sich mitunter so mancher Vertreter der romantischen Schule wie Bettinens Bruder Clemens Brentano (unten) oder ihr Gatte Achim von Arnim.
Bettinas Ambitionen gingen allerdings noch weit darüber hinaus: Als emanzipierte Frau setzte sie sich unermüdlich für die persönliche Unabhängigkeit und geistige Freiheit der Frauen in Preußen ein. Sie sah auch die Schattenseiten des beginnenden Industriezeitalters und engagierte sich so kraftvoll für die Armen und Ausgebeuteten, dass einige ihrer Schriften von der preußischen Zensur noch vor Erscheinen verboten wurden.

Friedrich Wilhelm IV.

wäre viel lieber bei italienischer Kunst, deutscher Musik und französischem Schaumwein geblieben, als sich mit den rebellierenden Verhältnissen des beginnenden Maschinenzeitalters auseinanderzusetzen. Als Mäzen, Bücherfreund und begabter Dilettant in Zeichenkunst und Architektur durchaus ein menschenfreundlicher Landesvater wurde er auch der *Romantiker auf dem Thron* genannt. Der kritische Geist des erwachenden Bürgertums, der Wunsch nach frischer Luft in den verstaubten Institutionen, die Lust auf neue Freiheit für Handel, Gewerbe und Industrie traf auf einen königlichen Träumer *von Gottes Gnaden* – das konnte nicht gut enden.

Abb. 25. Karikatur auf Friedrich Wilhelm IV., der dem Sektgenuß sehr ergeben war. „Eulenspiegel", 1848.

Hasen und Adler

Es muss schon Einiges zusammenkommen, wenn deutsche Hasen – sanfte, friedvolle, fruchtbare und genügsame Wesen – zur Waffe greifen. Aber sie tun es, wenn ihnen nichts anderes übrig bleibt! Ein aggressives preußisches Krallentier ist gerade dabei, die (letzte?) Barrikade der ebenso tapferen wie uneinigen deutschen Revolutionäre von 1848 niederzureißen. Deren schwarzrotgoldene Forderungen waren ja eigentlich, gemessen an der Radikalität der französischen Citoyens, höchst sanft, friedvoll und genügsam: Man wollte ein einiges Deutschland, allgemeines und gleiches Wahlrecht und eine konstitutionelle Monarchie nach englischem Vorbild mit – ausgerechnet – dem preußischen König als deutschem Kaiser. Deutscher Kaiser? Was ging Preußen Deutschland an? Und nicht mehr von Gottes, sondern von Volkes Gnaden? Da kam man schlecht an bei Friedrich Wilhelm IV.: *Aus der Gosse* nähme er keine Kaiserkrone, noch dazu *mit dem Ludergeruch der Revolution behaftet.* Er verstand die Welt nicht mehr, als seine »lieben Berliner« 1848 auf einmal Barrikaden bauten und eine Konstitution forderten.

Aufbahrung der Märzgefallenen >

Seit es Preußen gab, hatte kein König auf sein Volk schießen lassen. Die Berliner kämpften tapfer, verjagten die Soldaten und zwangen den verunsicherten König, vor den aufgebahrten Opfern den Hut zu ziehen. Er versprach eine Verfassung und man sah ihn sogar mit einer schwarzrotgoldenen Kokarde am Hut; am Ende ließ er dann aber Kokarde und Verfassung fallen und die Truppen wieder einmarschieren. Seine Generäle und ihre bestens gedrillte und mit den gerade erfundenen Pickelhauben bewehrte Militärmaschinerie stellte einstweilen wieder Friedhofsruhe her. Anstelle freier Wahlen aber regierten für die nächsten Jahrzehnte neben Pressezensur, Bigotterie und Gesinnungsschnüffelei die Junker im preußischen Herren-Haus.

Abb. 43. Karikatur auf das Abflauen der Bewegung von 1848. „Eulenspiegel", 1849.

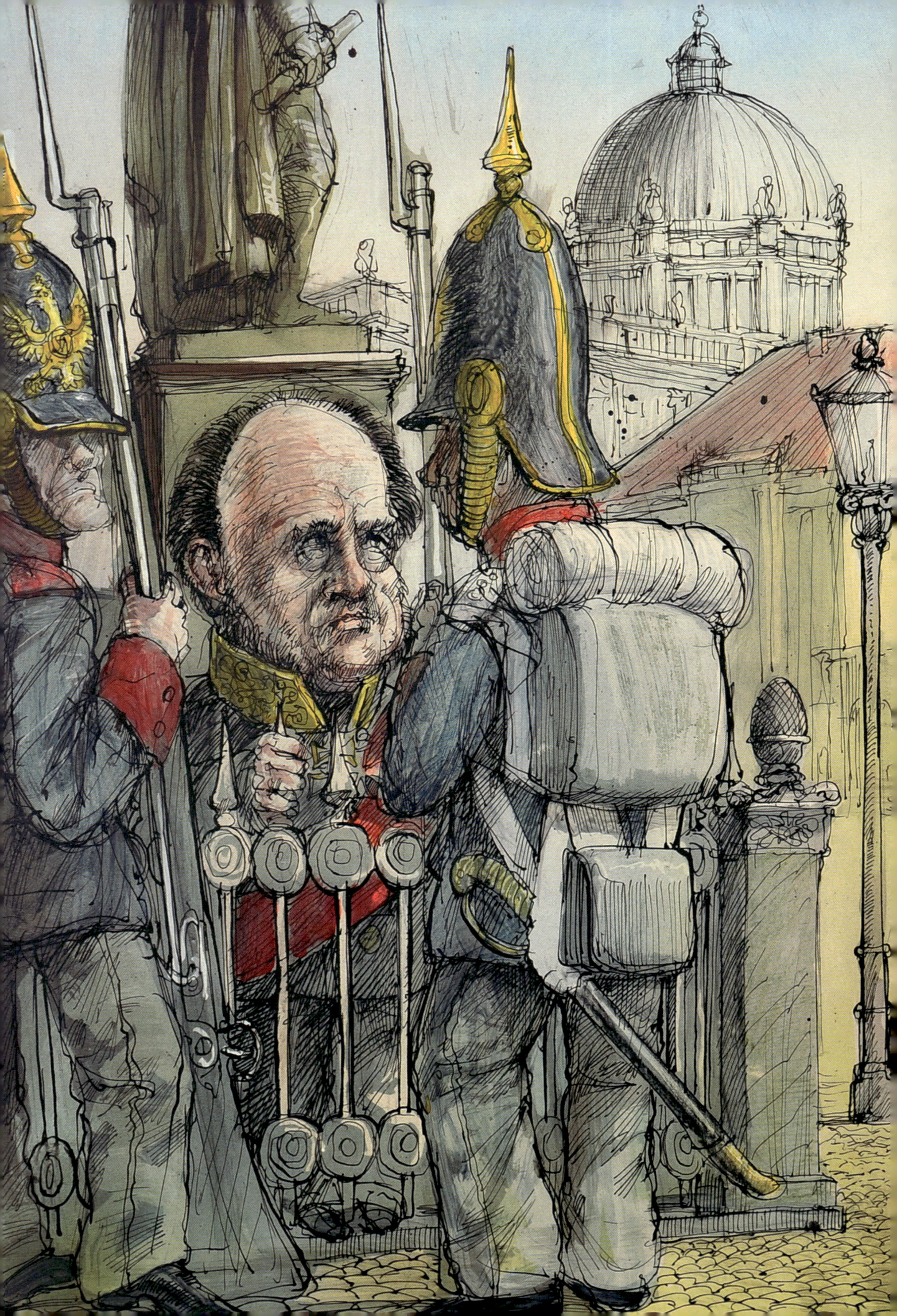

1A Gendarmen

1a preußische Gendarmen

bekommt man nur auf dem Berliner Gendarmenmarkt, im Einkauf nicht ganz billig, aber scharf und in der Regel sofort stubenrein.

Pfingsten auf dem Schinkelberg

Der Pomona, Göttin der Früchte, war Schinkels erstes Bauprojekt (auf dem Potsdamer Pfingstberg) geweiht und er hatte noch große Pläne. Diese wurden mit Akribie und nach klassischem Maß zu Papier gebracht, um dann preußisch-nüchtern ausgeführt zu werden. Karl Friedrich – waschechter Brandenburger – kam als Sohn von Johann Cuno Christoph und Dorothea Schinkel, geborene Rose, in Neuruppin zur Welt. Als Oberlandesbaudirektor und Architekt des preußischen Königs war Schinkel ein Glücksgriff, als Maler, Designer und Bühnenbildner ein Multitalent und alles in allem ein unübertroffener Könner, der ein ganzes Zeitalter prägte.

Die Architektur ist die Fortsetzung der Natur in ihrer konstruktiven Tätigkeit.

Karl Friedrich Schinkel

Illustration aus: Karl Friedrich Schinkel *Vorbilder für Fabrikanten und Handwerker* 1821

RF

Semilassos Weltgänge

Fürst Hermann Ludwig Heinrich von Pückler-Muskau, der Paradiesvogel des preußischen Adels, begeisterte sich nicht bloß für Landschaftsarchitektur und Schriftstellerei, sondern reiste auch gern und weit. Seine Gartenlandschaften waren indes – wie seine Reisen – nicht nur exklusiv und exotisch, sondern auch teuer. Als hätte Baron Münchhausen ihn inspiriert, suchte Pückler sich aus eigener Kraft aus seinem Schuldensumpf zu ziehen: Monatelang war er in England auf der Suche nach einer guten Partie aus vermögendem Hause. Aber dann wurden seine unter den Pseudonymen *Der Verstorbene* oder *Semilasso* geschriebenen amüsanten Reisebriefe ein literarischer und finanzieller Erfolg. Der Mann war einfach nicht zu halten: Ballonfahrten, amouröse Abenteuer und wildes Fernweh beschäftigten ihn, um dann sogleich *sophisticated* in Literatur umgesetzt zu werden. Die große Amerika-Reise verpasste er wegen eines Duelltermins; stattdessen bereiste er kurzerhand den Orient. Rastlos unterwegs zwischen Kairoer Harems, Atlasgebirge, Nilkatarakten und Akropolis fand er noch Zeit, mit der Neugestaltung von Schloss und Park Muskau einen Glanzpunkt europäischer Gartengestaltung zu setzen.

Fürst Pückler

Die preußische Philosophenschule

hat bemerkenswerte Denkgebäude errichtet – labyrinthisch, fantastisch, bisweilen in tiefe Nebel gehüllt, aber von enormer Tiefe, Höhe und Breite. Vorn, vor dem Pult des Oberlehrers die Musterschüler Johann Gottlieb Fichte, Immanuel Kant, Georg Wilhelm Friedrich Hegel und Arthur Schopenhauer. Zwei Hegel-Schüler brachten es zu Weltruhm: Die unbekümmert schwatzenden Duzfreunde Karl Marx und Friedrich Engels, die die Thesen des *preußischen Staatsphilosophen* vom Kopf auf die Füße stellten und obendrauf noch die revolutionäre Weltveränderung setzten, hocken ganz richtig in der letzten Reihe. In der Strafecke möglicherweise ein gewisser Friedrich Nietzsche …

Schelling.
Feuerbach.
Schleiermacher.
Fichte.
Kant.
Engels.
Marx.
Humboldt.
Hegel.
Schopenhauer.

Preußisch Roulette

Mitunter mit nüchternem Kalkül, öfter aber mit halsbrecherischem Risiko zogen sie in den Krieg, die Preußenherrscher und ihre Generäle.
Von links nach rechts am europäischen Spieltisch: Kaiser Wilhelm I., Bismarck, Friedrich II., Fürst Leopold von Anhalt-Dessau, General von Schlieffen, Graf Clausewitz, Kaiser Wilhelm II., Generalfeldmarschall von Hindenburg.

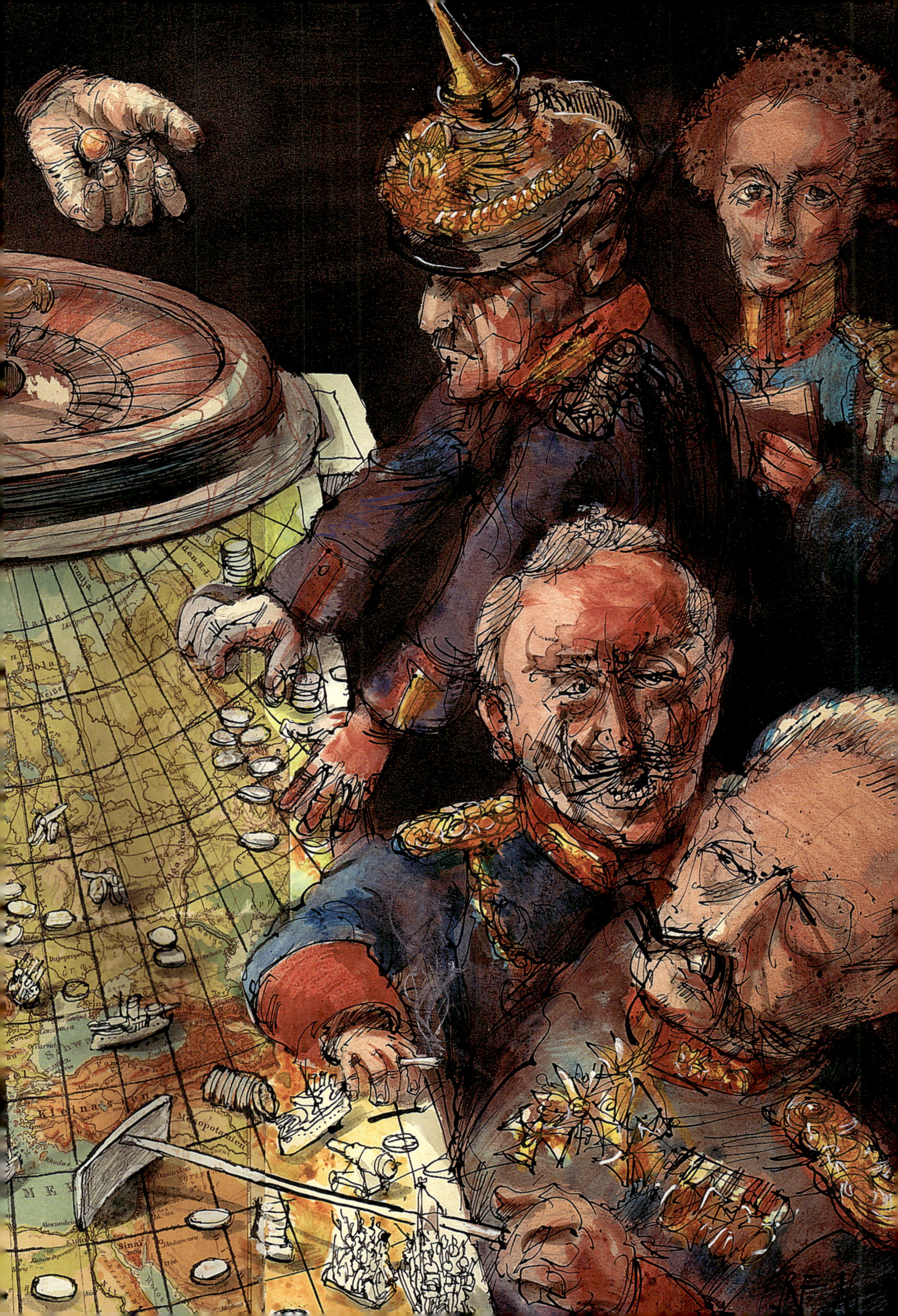

Der ewige Friede ist ein Traum, und nicht einmal ein schöner,

befand der preußische Generalfeldmarschall Helmuth von Moltke (1800–1891) und seine perfekt gedrillten, mit dem damals ganz neuen Zündnadelgewehr ausgerüsteten Truppen zwangen nach der Devise *Getrennt marschieren, vereint schlagen!* und mithilfe des gut entwickelten preußischen Eisenbahnnetzes Dänen, Österreicher und Franzosen zur Kapitulation. Zu Moltkes Lebzeiten gab es dann einfach erst einmal nichts mehr zu erobern. Immerhin findet sich unter den Schriften dieses kriegerischen Perfektionisten auch die folgende nüchterne Erkenntnis:

Über den Ruf eines Feldherrn entscheidet vor allem der Erfolg. Wieviel daran sein wirklicher Verdienst, ist außerordentlich schwer zu bestimmen. An der unwiderstehlichen Gewalt der Verhältnisse scheitert selbst der beste Mann, und von ihr wird ebensooft der mittelmäßige getragen. Aber Glück hat auf die Dauer zumeist wohl nur der Tüchtige.

Preußisch-deutsche Bescherung >

Revolutionen machen in Preußen nur die Könige!, meinte Otto von Bismarck – Junker, Herrenreiter, Reichskanzler und genialer Macht-Jongleur auf der europäischen Bühne. Er prägte ein ganzes Jahrhundert. Friedrich Wilhelm IV. schrieb noch halb fasziniert, halb angewidert über ihn: *Nur zu gebrauchen, wo das Bajonett schrankenlos waltet.* Für dessen Nachfolger Wilhelm I. aber war er dann schon unentbehrlicher Steuermann, Manipulator und Stichwortgeber in einem. Nur mit Mühe gelang es dem *Eisernen Kanzler* allerdings, die eher genügsame Natur König Wilhelms I. zur Annahme des deutschen Kaisertitels zu bewegen. Aber dann kapitulierte Paris. Frankreich hatte Elsass-Lothringen abzutreten und die Kleinigkeit von fünf Milliarden Francs zu zahlen. Bismarck wurde in den Fürstenstand erhoben und Wilhelm I. machte ihm den Sachsenwald in der Nähe Hamburgs zum Geschenk. Es hatte sich gelohnt: Nunmehr war er einer der großen Grundbesitzer des Reiches.

Moltke

< Versailles 1871

Am 18. Januar 1871 kam es im heiteren Spiegelsaal von Versailles zu jener düsteren, waffenklirrenden Szene. Sie markierte die Gründung des Deutschen Kaiserreichs. Anton von Werner, Hofmaler und Akademiepräsident, machte aus der eher flüchtigen Zeremonie der Kaiserkrönung mitten im Herzen des »Erbfeinds« einen effektvollen Ölschinken. Sein berühmtes Bild hier in einer nicht autorisierten Fassung.

Anton von Werner: *Die Proklamation des Deutschen Kaiserreiches*, 1885

Wilhelm I., zeitweilig *der Große* genannt,

ließ 1848/49 als Kronprinz die preußische Artillerie mit gehacktem Blei auf die badischen Revolutionäre schießen und hatte so den makaberen Spitznamen *Kartätschenprinz* weg. Er wurde anstelle seines senilen Bruders preußischer König, ließ seine Truppen siegreich gegen Dänemark, Österreich und Frankreich marschieren, wurde 1871 von Bismarck überredet, auch noch deutscher Kaiser zu werden, und konnte schließlich mit dem Regieren gar nicht mehr aufhören – so blieben für seinen Sohn nur 99 Tage übrig.

Der Hirte und seine Herde

206. Französische Karikatur von Honoré Daumier auf Preußen und die deutschen Kleinstaaten

Abb. 96. „Punch“, London 1881.

Direktor Bismarcks Reichsdeutsches Puppentheater.

Der Neunundneunzigtagekaiser

wurde Kaiser Friedrich III. genannt – eine wahrhaft tragische Figur unter den Hohenzollern. Hinter dem martialischen Bart verbarg sich ein gutmütig-liberales, aber auch ängstliches und zauderndes Gemüt. Erzogen von toleranten und geistvollen Lehrern, verheiratet mit einer Tochter des englischen Königshauses sympathisierte er sein Leben lang mit der Idee einer konstitutionellen Monarchie nach britischem Vorbild – ohne als ewiger Kronprinz jemals zum Zuge zu kommen. Mitten im deutsch-französischen Krieg, kurz vor der Kaiserproklamation in Versailles war sein Vater, der alte Preußenkönig, scheu geworden vor der unbekannten Last des Kaisertums, die Bismarck ihm aufdrängte. Er bot dem Sohn diese Krone an, der damit die Chance seines Lebens bekam – und wieder einmal zögerte, bis sie vorbei war. Todkrank bestieg er den deutschen Thron, um ihn gleich darauf im Sarg wieder verlassen zu müssen.

1888 wurde so zum *Dreikaiserjahr*:

Ein unreifer, innerlich ebenso unsicherer, aber dafür äußerlich auf fatale Weise auftrumpfender Sohn folgte ihm nach – er sollte der letzte gekrönte Hohenzoller werden. Das historische Foto zeigt Vater und Sohn im passenden Kostüm zu Besuch bei der britischen Verwandtschaft im schottischen Balmoral …

Professor Unrat

wird die Titelfigur eines bekannten Romans von Heinrich Mann (1930 von Josef von Sternberg mit einer gewissen Marlene Dietrich unter dem Titel *Der blaue Engel* verfilmt) genannt. Er ist der Prototyp des kaiserlichen Oberlehrers – verbohrt, nationalistisch und autoritär bis auf die Knochen. Die düster-neugotischen Backsteinfassaden preußischer Gymnasien glichen nicht zufällig denen von Kasernen. Und vom Schulkatheder ließ sich eine militant-vaterländische Gesinnung nicht schlechter verbreiten als auf dem Exerzierplatz, wo sie im *Kadavergehorsam* ihre Vollendung erreichen sollte. Zwischen Homer und kaiserlichem Herrn, Latein-Pauken und Aufsagen auswendig gelernter preußischer Schlachtensiege arbeitete der Pennäler sich von der Sexta zur Oberprima hinauf.
Heinrich Mann war es auch, der mit *Der Untertan* das ultimative Buch des deutsch-preußischen Ungeistes schrieb. 1914 fertiggestellt und sofort verboten, konnte es erst 1918 erscheinen – um 1933 von den Nazis sogleich wieder verboten und öffentlich verbrannt zu werden. Nach dem Zweiten Weltkrieg erschien es wieder und wurde diesmal von Wolfgang Staudte großartig verfilmt.

Immer wenn sie einen Krieg verlieren, legen sie meinen Untertan wieder auf!,

bemerkte der Dichter resigniert dazu.

<< Kalbskopf, kommentmäßig

Der deutsche Akademiker studierte nicht nur, sondern organisierte sich standesgemäß in einer *schlagenden Verbindung*. In den Korporationen tranken junge Männer auf Kommando große Mengen Bier auf das Wohl von Kaiser, Reich und Vaterland. Wer in *Alemannia, Borussia* oder *Neuteutonia* bestehen wollte, hatte Trinkfestigkeit, Mannhaftigkeit und Idealismus zu beweisen. Als blutigen Höhepunkt brachte man sich beim rituellen Fechten auf dem Paukboden gegenseitig *Schmisse* im Gesicht bei. Dies konnte trotz Schutzbrille und Helm auch schon mal Auge, Nasenspitze oder ein halbes Ohr kosten. Die Spuren blieben als eine Art barbarisches Narbenpiercing lebenslang sichtbar.

Wir Preußen fürchten Gott und sonst nichts in der Welt,

bemerkte der Reichskanzler Otto von Bismarck. In der Potsdamer Garnisonkirche hatte die preußische Militärgeistlichkeit die heikle Aufgabe, den Soldatenstand irgendwie mit dem christlichen Gebot *Du sollst nicht töten!* zu versöhnen. Dazu mussten Thron und Altar gewissermaßen zu einem allerhöchsten Wesen verschmolzen werden. Dann waren Kriege gerechtfertigt, der Sieg eigentlich unvermeidlich und das Sterben für König, Kaiser und Vaterland durfte allerhöchste Ehre sein. Ein unseliger Zwitter – halb Militärtempel, halb Gotteshaus – war diese Kirche von Anfang an, wie protzig auch immer sie sich aus dem sumpfigen Grund erhob. In einer Gruft unter der Kanzel, im Volksmund auch *Gespensterhöhle* genannt, lagerten die Gebeine von *Soldatenkönig* und *Altem Fritz*. Hier war es also, das preußische Walhalla: Weihestätte, Fahnenkammer, Hauptaltar des preußischen Herrgotts. Wilhelm II. entwickelte neben anderen unangenehmen Eigenschaften eine zwanghafte Kostümierungssucht. Hier verlässt er das Gotteshaus, frei nach Hans Christian Andersen, in der ultimativen Uniform – und (fast) keiner hat's gemerkt.

Unser alter Alliierter bezeugt es! Wir sind ernst, treu und wahr! Deutsch sein heißt, eine Sache um ihrer selbst willen tun! Wer von uns hätte je aus seiner Gesinnung ein Geschäft gemacht? Wo gar wären die bestechlichen Beamten? Biederkeit des Mannes eint sich hier weiblicher Reine, denn das Weibliche zieht uns hinan, nicht ist es uns Werkzeug unedlen Vergnügens. Das strahlende Bild echt deutschen Wesens aber erhebt sich auf dem Boden des Christentums, und das ist der einzig richtige Boden, denn jede heidnische Kultur, mag sie noch so schön und herrlich sein, wird bei der ersten Katastrophe erliegen; und die Seele deutschen Wesens ist die Verehrung der Macht, der überlieferten Macht, gegen die man nichts machen kann. Darum sollen wir nach wie vor die höchste Pflicht in der Verteidigung des Vaterlandes sehen, die höchste Ehre im Rock des Königs und die höchste Arbeit im Waffenhandwerk! […] Aus dem Lande des Erbfeindes […] wälzt sich immer wieder die Schlammflut der Demokratie her, und nur deutsche Mannhaftigkeit und deutscher Idealismus sind der Damm, der sich ihr entgegenstellt. Die vaterlandslosen Feinde unserer göttlichen Weltordnung aber, die unsere staatliche Ordnung untergraben wollen, sind auszurotten bis auf den letzten Stumpf, damit, wenn wir dereinst zum himmlischen Appell berufen werden, daß dann ein jeder mit gutem Gewissen vor seinen Gott und seinen alten Kaiser treten kann, und wenn er gefragt wird, ob er aus ganzem Herzen für des Reiches Wohl mitgearbeitet habe, er an seine Brust schlagen und offen sagen darf: »Ja«.

Diederich Heßlings Rede zur Einweihung des Kaiser-Wilhelm-Denkmals
Heinrich Mann: *Der Untertan*, 1918

Fig. A
Kgl. Polizei-Präsidium zu Berlin

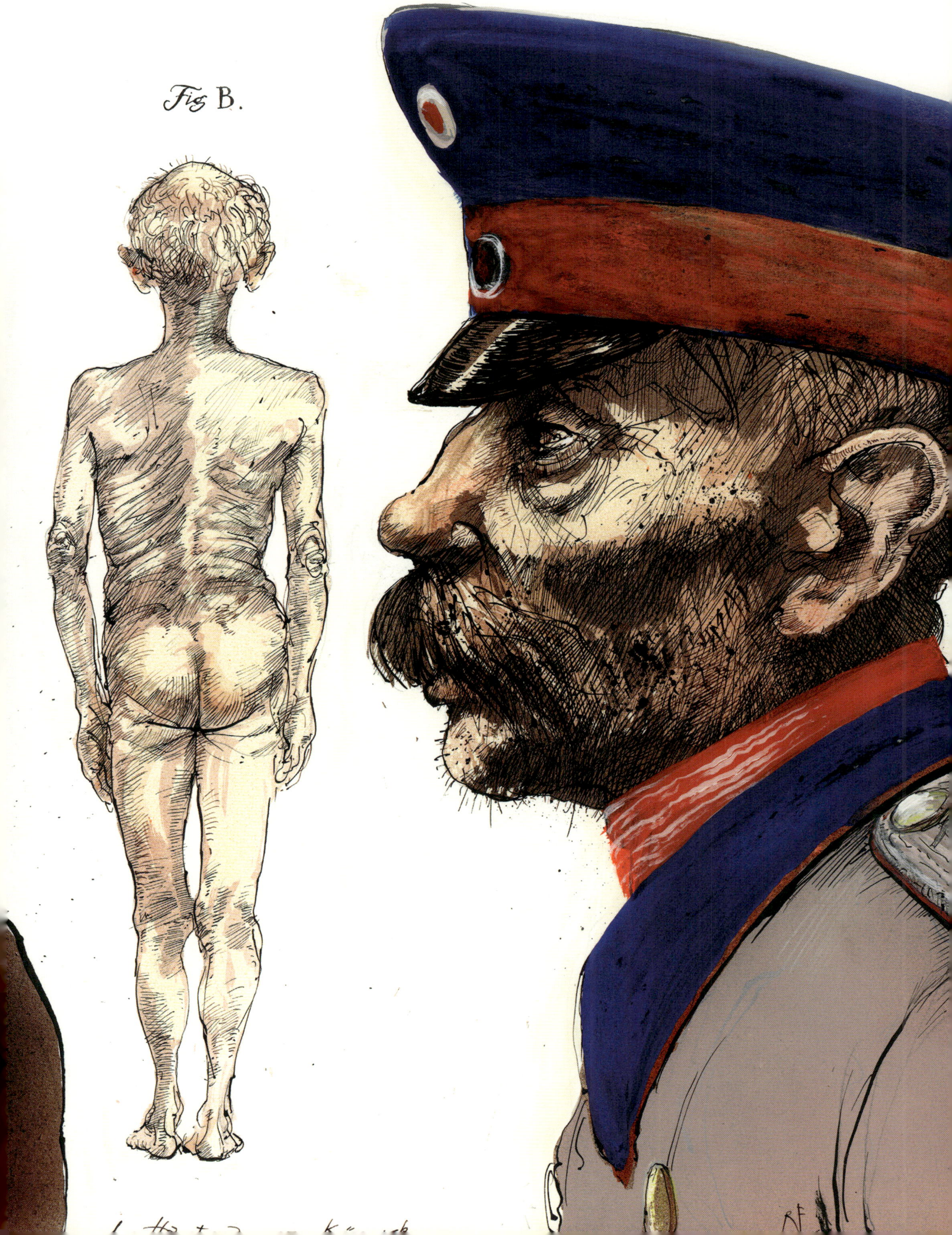
Fig B.

< Der Hauptmann von Köpenick

Wilhelm Voigt, arbeitsloser Schuster und vorbestrafter Kleinkrimineller, machte den Uniformwahn Preußen-Deutschlands mit einem genialen Coup lächerlich: Mittellos, verzweifelt und gejagt von einer gnadenlosen Bürokratie griff er sich, kostümiert mit einer Hauptmannsuniform vom Altkleiderhändler, ein paar Soldaten und raubte die Köpenicker Stadtkasse aus. Man kriegte ihn zwar schnell, aber es reichte für ein großes europäisches Gelächter, eine der seltenen heiteren Episoden im Geschichtsbuch und einen Ehrenplatz im preußischen Bilderbogen.

j. w. d.

Janz weit draußen ließ Wilhelm II. bei der Hofjagd die Büchse knallen. Er hatte unter seinen vielen Kostümen natürlich auch eines für die Jagd. Sein zu kurz geratener linker Arm benötigte perfekte Schneiderarbeit und beim Schießen die Verwendung eines Stativs. Seiner wüsten Leidenschaft sollen – von der Weser bis an die Memel – um die 78.000 Tiere zum Opfer gefallen sein …

5
damer Pla
Hof-Friseur Haby's
KAISER-BINDE
(Marke u. Muster gesetzl. geschützt)
à Stück 1,50 M.
FRANÇOIS HABY, Specialist für Bartfrisuren,
Hof-Friseur Sr. Maj. des Kaisers u. Königs.
BERLIN N. W., Mittelstrasse 57/58, Ecke Friedrichstrasse

< Preußische Pferdebahn

Otto von Bismarck stieg vom kleinen märkischen Landjunker zu einem Schwergewicht deutscher und europäischer Politik auf. Darin trieb er es gern nach Gutsherrenart, aber immer mit Augenmaß. Denn auch seinen Pferden gibt man zwar die Sporen, damit sie parieren, und die Peitsche, damit sie sich anstrengen, aber auch Zuckerbrot, damit sie den Karren willig ziehen, wohin der Herr es will. Wohin – das war die große Frage, wenn Industrie und Armee gleichermaßen expandieren und protziger Reichtum der Oberschicht sowie soziales Elend der Massen ins Ungemessene wachsen. Als die Balance zwischen den europäischen Mächten gegen Ende des Jahrhunderts ins Wanken geriet, befand sich Preußen-Deutschland auf keinem guten Weg. Der einflussreiche *Alldeutsche Verband* träumte von neuen Eroberungen, der Generalstab plante neue Umfassungsschlachten. Ob afrikanische Hereros oder chinesische Boxer: Das preußisch-deutsche Reich begann, für Kolonien und einen *Platz an der Sonne* über Leichen zu gehen. Ein fescher Kaiser meinte, *Deutschlands Zukunft liegt auf dem Wasser*, und ließ einen Panzerkreuzer nach dem anderen bauen, koste es, was es wolle. Wild am deutschen Steuerrad drehend (das er doch schon längst nicht mehr in der Hand hatte), verkündete er: *Ich führe euch herrlichen Zeiten entgegen!* Und Bismarck, diesen verschlagenen alten Lotsen des Staatsschiffs, den jagte er von Bord.

Abb. 106. „Humoristic Listy", Budapest 1895.

Wilhelms Traum.

Adler-Ei

Der Adler, das Wappentier der Hohenzollern, symbolisiert Unsterblichkeit, Mut, Weitblick und Kraft, gilt aber auch als König der Lüfte und Bote der höchsten Götter. Nach altem Glauben blickt er beim Auffliegen direkt in die Sonne, weshalb er auch ein Sinnbild für den Aufstieg in den Himmel und die Erlösung der Seele ist. Auf der Huldigungs-Postkarte von 1901 ist mit Wilhelm II. schon alles erreicht – oder sollte das alte preußische Krallentier da noch etwas ausbrüten?

Friedrichsruh

hieß der Schmollwinkel, in den der einst allmächtige Reichskanzler Bismarck sich nach seiner Entlassung (einem *Leichenbegängnis erster Klasse*, wie er's nannte) samt Doggen, Leibarzt und Sekretär zurückzog. Ein Gut mit ausgedehnten Wäldern, in deren nebliger Weite oft nur noch der *Eiserne Kanzler* selbst wahrzunehmen war – wie übrigens auch in seinen Erinnerungen, die er hier zu Papier bringen ließ.

Unterm Birnbaum

Theodor Fontane, der märkische Wanderer mit schottischem Schal, war nicht nur Journalist, Kritiker und führender Romancier des späten 19. Jahrhunderts, sondern auch der Autor eines großartigen Krimi-Klassikers: *Unterm Birnbaum*. Schulden, ein Skelett im Obstgarten und allgegenwärtiger *suspense* enden in einem klassischen *showdown* – und das alles in einem kleinen preußischen Dorf an der Havel. Hier aber, im »magischen Dreieck« zwischen märkischer Backsteinkirche, märkischem Pfarrhaus und dem dazugehörigen Pfarrer, der seine prächtigen Birnen preist, scheint F. an einer gänzlich anderen Perspektive interessiert zu sein ... Einst führte ihm forscher Nationalismus die Feder, im Alter aber wird er immer besser wie guter Wein und lässt den Pfarrer Lorenzen am Grab des alten Stechlin also sprechen:

»Wer seinen Weg richtig wandelt, kommt zu seiner Ruhe in der Kammer.« Diesen Weg zu wandeln, war das Bestreben dessen, an dessen Sarge wir hier stehn. [...] Sein Leben lag aufgeschlagen da, nichts verbarg sich, weil sich nichts zu verbergen brauchte. Sah man ihn, so schien er ein Alter, auch in dem, wie er Zeit und Leben ansah; aber für die, die sein wahres Wesen kannten, war er kein Alter, freilich auch kein Neuer. Er hatte vielmehr das, was über alles Zeitliche hinaus liegt, was immer gilt und immer gelten wird: ein Herz. Er war [...] kein Edelmann nach der Schablone, wohl aber ein Edelmann nach jenem alles Beste umschließenden Etwas, das Gesinnung heißt. Er war recht eigentlich frei. Das Goldene Kalb anbeten war nicht seine Sache. Daher kam es auch, daß er vor dem, was das Leben so vieler andrer verdirbt und unglücklich macht, bewahrt blieb, vor Neid und bösem Leumund. Er hatte keine Feinde, weil er selber keines Menschen Feind war. Er war die Güte selbst, die Verkörperung des alten Weisheitssatzes: »Was du nicht willst, das man dir tu'.« [...] Er hielt es mit den guten Werken und war recht eigentlich das, was wir überhaupt einen Christen nennen sollten. Denn er hatte die Liebe. Nichts Menschliches war ihm fremd, weil er sich selbst als Mensch empfand und sich eigner menschlicher Schwäche jederzeit bewußt war. Alles [...] war sein: Friedfertigkeit, Barmherzigkeit und die Lauterkeit des Herzens. Er war das Beste, was wir sein können, ein Mann und ein Kind. Er ist nun eingegangen in seines Vaters Wohnungen und wird da die Himmelsruhe haben, die der Segen aller Segen ist.

Fontane beim Friseur

Hoffriseur Haby machte deutschen Männern en masse möglich, was bisher als »Barttracht seiner Majestät des Kaisers« gegolten hatte: Mit Habys Spezialpomade *Es ist erreicht* konnte man den Schnurrbart auf eine martialische Weise in die Höhe führen und – unter Verwendung einer Bartbinde – auch dort fixieren. Der alte Skeptiker Fontane hatte wohl das Material, aber nicht den Willen dazu – er ließ wieder einmal nur ein wenig versäubern …

Haby's
»Es ist
erreicht«
D. R. P.

Königlich-preußische Kunstakademie

Gegenüber französisch-impressionistischer Seichtigkeit und malerischem Schlendrian pflegte man in Berlin offiziell deutschnational-patriotischen Naturalismus. Nach jahrelangem Studium von Gipsabgüssen und Modellen in heroischen Posen war der akademische Maler dann zwar in der Lage, perspektivisch und koloristisch »richtige« Schlachten- und Genrebilder abzuliefern. Das kritische Publikum begann aber, sich entsetzlich zu langweilen.

Max Liebermann: *Spielende Kinder im Park*
Radierung 1890

Käthe Kollwitz: *Gedenkblatt für Karl Liebknecht*
Holzschnitt 1919

Liebermann, die Kollwitz und Zilles *Milljöh*

Abseits von bombastischem Historismus, romantisierendem Kitsch und gründerzeitlichem Schwulst meldeten sich um die Jahrhundertwende neue, mutige künstlerische Positionen zu Wort. In den Augen Kaiser Wilhelms II. gehörten sie zu jener verachtenswerten modernen *Rinnsteinkunst*, welche das Elend noch hässlicher darstelle, als es schon sei. Am Ende aber waren es unter anderen diese drei, deren Werk eine neue Kunstepoche in Preußen und ganz Deutschland einleiten sollte: wahrhaftige Gestalten, eindringlich erforschte Antlitze, die urbanen Landschaften der heraufziehenden Moderne mit ihrem Licht und ihren abgründigen Schatten. Ganz unterschiedlich von Herkunft und künstlerischer Handschrift fanden sich nach dem Ende des Kaiserreichs der Berliner Fabrikantensohn, die Maurertochter aus Königsberg und der zeichnende Spross eines ewig verschuldeten sächsischen Uhrmachers in der preußischen Akademie der Künste wieder: Max Liebermann als Präsident, Käthe Kollwitz als erste Künstlerin und Sozialistin, der dies gelang, und – auf Vorschlag Liebermanns – der *Kleineleutezeichner* Heinrich Zille (zu dessen allergrößter Verwunderung). *Da paß' ick überhaupt nich hin!* Der Mutterwitz und die flotte *Berliner Schnauze* seiner Milieuschilderungen sind aber nur die populäre Hülle einer kraftvollen, sozial engagierten Bildsprache, die hinter die glanzvollen Fassaden der neuen deutschen Herrlichkeit blickt:

Heinrich Zille: *Sie haben woll sonst keene Zeit, det se det noch bei'n Regen missen zurechte fingern!*
Lithografie aus der Mappe *Zwanglose Geschichten und Bilder* 1919

Zusammengepfercht in hohe Mietskasernen, mit schmalen, ungelüfteten Treppen. Elende Zufluchtsorte in nassen Kellern und über stinkenden Ställen, ohne Luft und Sonne. »Man kann mit einer Wohnung einen Menschen genau so gut töten wie mit einer Axt!« Garstige finstere Höfe, stinkende Müllkästen, die verschwiegenen Leichenhallen für »Abgetriebene« und Neugeborene. Unter Schlafleuten und Absteigemädchen – so entwickelt sich der Lebensfilm Abertausender. Eine Welt für sich – die man bekämpft – aber nicht heilt!

Heinrich Zille, 1919

LASSALLE

MARX

< *Den großen Kladderadatsch*

nannte August Bebel den wie ein göttliches Fatum erwarteten Zusammenbruch des Kapitalismus und das Anbrechen des neuen, *socialistischen Zeitalters*. Auf der Tribüne die Prominenz der alten Sozialdemokratie in gemütlicher Vorkriegs-Atmosphäre:
(von links nach rechts) Clara Zetkin, Karl Liebknecht, August Bebel, Gustav Noske, Philipp Scheidemann, Friedrich Ebert. Vom Gartenstuhl aus agitiert Rosa Luxemburg. Die deutsche Sozialdemokratie, um deren Vaterschaft sich Marx und Lassalle gestritten hatten, gewann stetig Anhänger, verlor aber gleichzeitig im Kampf mit Bismarcks *Gesetz gegen die gemeingefährlichen Bestrebungen der Socialdemokratie* alle revolutionären Zähne. Folgerichtig kam anstelle der Morgenröte einer neuen Zeit der Erste Weltkrieg und die Sozialdemokraten, eben noch Internationalisten, marschierten nahezu geschlossen mit.

Vergebliche Mühe.

Nicht so Rosa Luxemburg, hellsichtigste, tapferste, radikalste aller deutschen Sozialistinnen, die ihren Mut erst mit dem Hass der Deutschnationalen, dann mit Zuchthaus und dann – zusammen mit Karl Liebknecht – mit dem Leben bezahlen musste.

Kaiser und Söhne >

in voller Montur: neben Wilhelm II. von links nach rechts Kronprinz Friedrich Wilhelm Victor August Ernst, Prinz Wilhelm Eitel Friedrich Christian Karl, Prinz Adalbert Ferdinand Berengar, Prinz August Wilhelm, Prinz Oskar Karl Gustav Adolf, Prinz Joachim Franz Humbert und ein unbekannter Trommler.

Großer Generalstab

Von Blücher, von Clausewitz, von Moltke, von Rohn, von Schlieffen, von Waldersee, von Spee, von Tirpitz, von Hindenburg oder Ludendorff ... eine schier endlose Genealogie von mehr oder weniger begabten Strategen der schneidigen Offensiven, Umfassungsschlachten und Präventivschläge.

Ich kenne keine Parteien mehr, ich kenne nur noch Deutsche!,

tönte der Kaiser 1914 öffentlich und: *Jetzt wollen wir sie dreschen!*, meinte er privat. Dementsprechend skandierten die Kinder in der Volksschule Sprüche wie *Jeder Schuss ein Russ/ jeder Stoß ein Franzos!/Jeder Tritt ein Brit'!* und *Gott strafe England!* Am Ende blieb alles im Morast der Materialschlachten stecken. Auf dem Feld der Ehre aber starb nicht nur so mancher braver preußischer Husar, Grenadier, Füsilier, Artillerist und Landsturmmann, sondern auch der ganze Glaube an einen Herrscher von Gottes Gnaden und die Herrlichkeit des Kaiserreichs.

Abb. 122. „Der wahre Jacob", Stuttgart.
Michel und sein Beschützer ...

Graf Zeppelin >

war neben Werner von Siemens der klassische Fall des preußischen Offiziers, der aus Langeweile bahnbrechende Erfindungen macht. Die Bezeichnung »Luftschiff« für sein Gefährt führte möglicherweise dazu, dass auch die kaiserliche Marine Interesse daran zeigte. Die ersten *Bomben auf Engeland* wurden dann 1914 auch von Zeppelinen abgeworfen ...

Der Totenkopfschmetterling
76. Holländische Karikatur von Joh. Braakensiek

Die Anatomie des Doktor Sauerbruch

Charité, die Mildtätige, befahl Friedrich Wilhelm I. das Berliner Krankenhaus zu nennen, in dem preußische Ärzte zweihundert Jahre lang mit wachsendem Erfolg die von Seuchen, Gebrechen und Kriegen Heimgesuchten kurierten. Das Haus besaß auch ein *teatrum anatomicum*, in dem die Medizinstudenten am lebenden oder toten Beispiel die hippokratische Kunst lernen sollten. Der Erfindungsreichtum sowohl deutscher Kriegstechniker als auch deutscher Mediziner erreichte während des Ersten Weltkriegs einen ersten, aber nicht letzten Höhepunkt im 20. Jahrhundert: Den Männer zerfetzenden *Materialschlachten* lebend entkommen, sollten auch Einbeinige oder Armlose schließlich noch nützliche Arbeit für den *Siegfrieden* leisten können. Der Chirurg Ferdinand Sauerbruch konstruierte, angeregt von der eisernen Hand des Ritters Götz von Berlichingen, ab 1916 künstliche Gliedmaßen, die von übrig gebliebenen Muskelstümpfen bewegt wurden. Der sogenannte Sauerbruch-Arm wird hier – in Anlehnung an ein Gemälde Rembrandts – gerade einigen berühmten Kapazitäten demonstriert.

Von links nach rechts:
Ernst von Bergmann, Chirurg, Paul Ehrlich, Pharmakologe, Robert Koch, Serologe, Julius von Graefe, Rudolf Virchow, Anatom, Max Pettenkofer, Hygieniker, Christoph Wilhelm Hufeland, Ferdinand Sauerbruch.

Letzte Wachablösung … >

Vor der Neuen Wache in Berlin knallte unter den Augen der Bronze-Generäle Scharnhorst, Blücher und Gneisenau von 1818 bis 1989 preußischer Paradeschritt aufs Pflaster. Schinkels antikisierendes Meisterstück diente bis zum Jahr 1918, dem Ende der Monarchie, als »Haupt- und Königswache«. Danach versuchten und versuchen dort wechselnde deutsche Staatswesen der Hekatomben von Toten zu gedenken, die deutscher Staats- und Kriegskunst zum Opfer gefallen sind.

Ich bin in diesem langweil'gen Nest / Ein Stündchen herumgeschlendert. / Sah wieder preußisches Militär, / Hat sich nicht sehr verändert […] / Noch immer das hölzern pedantische Volk, / Noch immer ein rechter Winkel / In jeder Bewegung, und im Gesicht / Der eingefrorene Dünkel. / Sie stelzen noch immer so steif herum / So kerzengerade geschniegelt, / Als hätten sie verschluckt den Stock / Womit man sie einst geprügelt […] / Nicht übel gefiel mir das neue Kostüm / Der Reuter, das muß ich loben, / Besonders die Pickelhaube, der Helm / Mit der stählernen Spitze nach oben. […] Ja, ja, der Helm gefällt mir, er zeugt / Vom allerhöchsten Witze! / Ein königlicher Einfall war's! / Es fehlt nicht die Pointe, die Spitze! / Nur fürcht ich, wenn ein Gewitter entsteht, / Zieht leicht so eine Spitze / Herab auf euer romantisches Haupt / Des Himmels modernste Blitze!

Heinrich Heine: Deutschland. Ein Wintermärchen, 1844

Hufeland

Wilhelm II
Friedrich I.
Friedrich W. II
Friedrich W. I.
Minerva

< Preußisches Hoftheater

Dem Prinzen Heinrich von Preußen blieb nach all den strapaziösen Kriegen seines großen Bruders, des *Alten Fritzen* nur mehr ein kultiviertes Schattendasein im abgelegenen Schloss Rheinsberg. Einst hatte jener hier als Kronprinz einige unbeschwerte Jahre lang höfisches Leben genossen und seine Rolle als *Philosoph auf dem Thron* vorbereitet. Während der Französischen Revolution beherbergte der in die Provinz entsorgte Heinrich dann adlige Flüchtlinge aus Paris, die mit ihren Schreckensgeschichten vom Aufstand des Mobs einen ersten Windhauch jener Stürme mitbrachten, die noch über Europa fegen sollten. Den Emigranten folgten wenig später die Armeen Napoleons und die ließen das alte Preußen bekanntlich wie ein Kartenhaus zusammenfallen.

Was bleibt? Die Hecken verwilderten, der See umgab sich mit undurchdringlichem Schilfdickicht, die Wege erinnerten sich weder der Schnallenschuhe der Kavaliere noch der rauschenden Damenroben oder der Kaleschen voller höfischem Pöbel. Die *langen Kerls* lang ausgestorben, die Lunten an den Musketen längst erkaltet, die einst prächtigen Uniformen graue Fetzen in Museumsvitrinen. Prinz Heinrichs Schlosstheater wurde in den letzten Tagen des Zweiten Weltkriegs geplündert und gebrandschatzt. Sein prächtiger Innenraum ist verloren bis auf die silbergrauen Schatten alter Messbilder. Augentäuschung herrschte dort (wie in jedem Theater): antikisch marmorierte Holzsäulen, lackierte Bretterkulissen, vergessen wie die galanten Verse und gefälligen Harmonien, die einst in ihnen erklangen. Hier, auf den Rängen, über dem Parkett der gekrönten Häupter, ist noch einmal eine illustre Auswahl des preußischen Bilderbogenpersonals zu Gast:

Ganz oben links stützt ein müder Gerhart Hauptmann den Kopf in die Hand. Das Elend der schlesischen Weber hat er auf die Bühne gebracht, die Abgründe und Rück-Seiten einer deutsch-preußischen Gesellschaft, die in Aufbruch, Neureichtum und Überhebung prangte und doch das Wichtigste vergaß – ihre Schwachen nämlich und: Maß zu halten. Daneben der Dichter Ernst Theodor Amadeus Hoffmann, Spukgestalt des Kammergerichts zu Berlin, Zecher und Träumer, begnadeter literarischer Fantast, der gespenstische Doppelgänger aller preußischen Zeitalter.

Auch Karl Friedrich Schinkel sitzt da oben, unermüdlich planend, in das platte Land, den unfruchtbaren Sand hinein mit märkischen Ziegeln den Traum von Hellas bauend. Seine Nachbarn im zweiten Rang sind die Brüder Wilhelm und Alexander von Humboldt. Ihr Horizont reichte – jeder auf seinem Gebiet – weit über den preußischen Tellerrand, ihre Geisteskraft prägte ein ganzes Jahrhundert der Wissenschaft und Forschung, ihr universeller Zugriff veränderte dauerhaft den Blick auf Natur, Geografie, Geschichte, Sprache und Kultur.

Das ewig hungrige preußische Krallentier nimmt eine ganze Loge ein, gefüttert vom alten Fontane. Vielleicht der klügste, mildeste und zugleich scharfsichtigste Vertreter der schreibenden Zunft, der je in und um die preußische Metropole tätig war. Keiner kann etwas von diesem Landstrich und seinen Leuten wissen, der nicht Fontane gelesen hat. Mit ihm in der Loge, in die Brüstung gekrallt, der gescheiterte Offizier, gescheiterte Journalist, gescheiterte Dramatiker Heinrich von Kleist. Ein schwarzes Schaf im weißen Wolfspelz, ein Aufrührer auf der Bühne und im beschädigten Leben, machtlos sprachmächtig, immer aufs Neue verstörend.

Nebenan Adolph (von) Menzel und Max Liebermann, zwei preußische Malerfürsten ganz ohne fürstliche Allüren. Der kleine Menzel stieg tief hinab in den Kostümfundus der Monarchie. Aber sein Bestes vergaß er ein langes Malerleben lang nicht: den unbestechlichen Blick auf Gestalten und Antlitze seiner Zeit. Liebermann, der spröde deutsche Impressionist höchsten Formats, porträtierte das Berliner Großbürgertum ebenso wie das Lichtspiel der märkischen Natur. Erst verpönter Sezessionist und später Präsident der preußischen Akademie der Künste erlebte er nach Kaiserreich und Weimarer Republik noch Hitlers Machtantritt, von dem er sagte: *Ick kann jar nich soville fressen, wie ick kotzen möchte.*

Die Brüder Jacob und Wilhelm Grimm brachten als Sprachwissenschaftler und Berliner Universitätsprofessoren liberalen Geist nach Preußen. Keine Kindheit ohne Grimms Märchen, in denen – wie im Kaspertheater nebenan – das Gute, nachdem man sich ein wenig gegruselt hat, noch stets das Böse besiegt.

Die Frauen haben es schwer in dieser preußischen Männerversammlung, wenigstens die Trompetertochter Wilhelmine Enke aber soll eine eigene Loge haben. Typisch Preußen: Friedrich II., selbst den Frauen durchaus nicht zugetan, teilte die sinnliche junge Dame per Befehl seinem liederlichen Neffen und Thronfolger als Mätresse zu.

Ihr Nachbar Ferdinand Graf von Zeppelin stammte aus altem hohenzollernschen Geschlecht und baute in Potsdam Luftschiffe. Der Traum von der mühelos dahinschwebenden Riesenzigarre war so faszinierend wie gefährlich – und endete wie so mancher Höhenflug in einem Haufen Asche.

Durch *Blut und Eisen* wollte Bismarck Deutschland unter Preußens Führung vereinigen. Elektrizität und Stahl waren demgegenüber die nachhaltigeren und wirkungsvolleren Elemente, gepaart mit deutscher Ingenieurskunst, deutschem Erfindergeist und Geschäftssinn. Werner von Siemens begann als *Seconde-Lieutenant* der preußischen Artillerie und machte später eine durchschlagende Entdeckung nach der anderen – vom Telegrafen bis zum Elektromotor. Der Großindustrielle Alfred Krupp lieferte einfach alles: Eisenbahnen, um das Land zu erschließen, und Kanonen, um es zu erobern. Der Deutsch-Französische Krieg wurde durch die doppelte Reichweite der preußischen Stahlkanonen entschieden und machte Krupp reich.

Am Ende herrschte er als Patriarch über seine Arbeiter und über das größte Industrieimperium Europas. Alle Mächtigen wollten seine Kunden sein – mit den bekannten Folgen.

Die nächste Loge ist reserviert für das schönste preußische Prinzessinnenpaar, Luise und Friederike von Mecklenburg-Strelitz. Unbekannter, aber nicht unattraktiver als ihre Schwester wurde Friederike nach einem wild bewegten Eheleben immerhin noch Königin von Hannover.

Gottfried Wilhelm Leibniz war Philosoph und Wissenschaftler, Mathematiker, Diplomat, Physiker, Historiker, Politiker, Bibliothekar und Doktor des weltlichen und des Kirchenrechts. Er sagte über sich selbst: *Beim Erwachen hatte ich schon so viele Einfälle, dass der Tag nicht ausreichte, um sie niederzuschreiben.* Nebenbei fand er erstaunlicherweise noch Zeit, die preußische Akademie der Wissenschaften zu gründen. Sophie Charlotte, Königin in Preußen, langweilte sich entsetzlich bei den unmäßigen Festivitäten ihres eitlen Gatten Friedrich I. Welch ein Trost war es da, die geistvolle Gesellschaft eines Universalgelehrten genießen zu dürfen!

Die folgende Loge ist für drei ebenso stramme wie düstere Vertreter preußischer Generalität reserviert: Kriegsminister Generalfeldmarschall Graf Albrecht von Roon hatte für Preußen alles erobert, was es bis 1871 zu erobern gab, und trug an der Brust alles, was in Preußen als Auszeichnung zu bekommen war: unter anderem den Schwarzen Adlerorden mit Kette und das Rote-Adlerorden-Großkreuz mit Eichenlaub und Schwertern sowie mit Schwertern am Ring. Einer Satire des *Simplicissimus* zufolge begann der höhere Mensch in Preußen eigentlich erst beim Offizier und die Gestalt des Generaloberst Hans von Seeckt wirkt wie eine Illustration dieses Satzes. Mit eckiger Arroganz, Monokel und immer wie angegossen sitzender Uniform konnte er es auch nach dem verlorenen Ersten Weltkrieg nicht lassen: Schon 1925 entwarf er den *Großen Plan* als ein detailliertes Aufrüstungskonzept für die Reichswehr. Paul Ludwig Hans Anton von Beneckendorff und von Hindenburg repräsentiert noch einmal die ganze Hybris des preußisch-deutschen Militarismus: Als eher mittelmäßiger General voll ostelbischem Herrenreiter-Dünkel mutierte er schon zu Lebzeiten zur nationalistischen Ikone aller Demokratenhasser. Mit ihm als Reichspräsidenten hatte die Weimarer Republik den größtmöglichen Bock zum Gärtner der Volksherrschaft gemacht.

Der Arzt Christoph Wilhelm Hufeland betreute als königlicher Leibarzt die Familie von Friedrich Wilhelm III. und leitete das *Collegium medico-chirurgicum* sowie als Erster Arzt und Direktor die Charité in Berlin, war Professor für Spezielle Pathologie und Therapie, Leiter der Militärakademie und Staatsrat der Abteilung Gesundheitswesen im preußischen Innenministerium. Neben all den Ämtern hatte er tatsächlich auch noch ein Herz für die Armenfürsorge, was ihm hier einen Logenplatz eingebracht hat. Georg Wilhelm Friedrich Hegel baute ein ungeheures Denksystem gleich einem babylonischen Turm aus preußischen Backsteinen. Er war (neben dem hier leider fehlenden Immanuel Kant) ein philosophischer Riese, der von Preußen aus in die Welt wirkte.

Friedrich Daniel Ernst Schleiermacher war protestantischer Theologe, Altphilologe, Philosoph, Publizist, Staatstheoretiker, Soziologe, Kirchenpolitiker und Pädagoge. Ganz im Gegensatz zu späteren Vertretern seiner Branche verband er protestantische Religiosität mit klaren Gedanken und der freiesten, an keine Herkunft gebundenen Kritik.

Luise Henriette von Oranien war Kurfürstin von Brandenburg und die erste Ehefrau des Großen Kurfürsten. *Eine Frau von innerer Frömmigkeit, wahrer Herzensgüte, echt weiblicher Sanftmut und scharfem Verstande. Ihr Rat war dem Kurfürsten bald unentbehrlich in allen Regierungsangelegenheiten, und die überaus glückliche Ehe des kurfürstlichen Paares wurde ein Vorbild für das ganze Land. Unermüdlich wirkte Luise Henriette überall, wo es galt, die Not zu lindern und die Wunden zu heilen, die der Krieg dem Lande geschlagen.* (Richard George, 1900)

Samuel von Cocceji schuf eine einheitliche, in drei Instanzen geteilte Gerichtsverfassung und sorgte für die Unabhängigkeit der Richter, die zuvor stark von Adel und Advokaten abhingen. Er führte 1748 eine oberste verbindliche Gerichtsbarkeit, das Tribunal, ein, dem alle anderen Gerichte des Landes untergeordnet waren. Friedrich Wilhelm I. gingen seine Ideen zu weit, weshalb er ihn 1739 wieder abberufen hatte. Der *Alte Fritz* aber erhob ihn dann noblerweise in den Freiherrenstand.

Karl August Freiherr von Hardenberg gelangen als preußischem Staatskanzler inmitten der napoleonischen Stürme wichtige Reformen für das preußische Staatsschiff – nur nicht die wichtigste, letztlich alles entscheidende: Sein Hauptziel, die Einführung einer Verfassung und die Mitbestimmung des Bürgertums, konnte er nicht erreichen.

Drei Minuten Gehör!

Drei Minuten Gehör will ich
von euch, die ihr arbeitet –!
Von euch, die ihr den Hammer schwingt,
von euch, die ihr auf Krücken hinkt,
von euch, die ihr die Feder führt,
von euch, die ihr die Kessel schürt,
von euch, die mit den treuen Händen
dem Manne ihre Liebe spenden –
von euch, den Jungen und den Alten –:
ihr sollt drei Minuten inne halten.
Wir sind ja nicht unter Kriegsgewinnern.
Wir wollen uns einmal erinnern.

Die erste Minute gehöre dem Mann.
Wer trat vor Jahren in Feldgrau an?
Zu Hause die Kinder – zu Hause weint Mutter …
Ihr: feldgraues Kanonenfutter –!
Ihr zogt in den lehmigen Ackergraben.
Da saht ihr keinen Fürstenknaben:
der soff sich einen in der Etappe
und ging mit den Damen in die Klappe.
Ihr wurdet geschliffen. Ihr wurdet gedrillt.
Wart ihr noch Gottes Ebenbild?
In der Kaserne – im Schilderhaus
wart ihr niedriger als die schmutzigste Laus.
Der Offizier war eine Perle,
aber ihr wart nur »Kerle«!
Ein elender Schieß- und Grüßautomat.
»Sie Schwein! Hände an die Hosennaht –!«
Verwundete mochten sich krümmen und biegen:
Kam ein Prinz, dann hattet ihr stramm zu liegen.
Und noch im Massengrab wart ihr die Schweine:
Die Offiziere lagen alleine!
Ihr wart des Todes billige Ware …
So ging das vier lange blutige Jahre.
Erinnert ihr euch –?

Die zweite Minute gehöre der Frau.
Wem wurden zu Haus die Haare grau?
Wer schreckte, wenn der Tag vorbei,
in den Nächten auf mit einem Schrei?
Wer ist es vier Jahre hindurch gewesen,
der anstand in langen Polonaisen,
indessen Prinzessinnen und ihre Gatten
alles, alles, alles hatten –?
Wem schrieben sie einen kurzen Brief,
dass wieder einer in Flandern schlief?
Dazu ein Formular mit zwei Zetteln …
wer musste hier um die Renten betteln?
Tränen und Krämpfe und wildes Schrein.
Er hatte Ruhe. Ihr wart allein.
Oder sie schickten ihn, hinkend am Knüppel,
euch in die Arme zurück als Krüppel.
So sah sie aus, die wunderbare
große Zeit – vier lange Jahre …
Erinnert ihr euch?

Die dritte Minute gehört den Jungen!
Euch haben sie nicht in die Jacken gezwungen!
Ihr wart noch frei! Ihr seid heute frei!
Sorgt dafür, dass es immer so sei!
An euch hängt die Hoffnung. An euch das Vertraun
von Millionen deutschen Männern und Fraun.
Ihr *sollt nicht strammstehn.* Ihr *sollt nicht dienen!*
Ihr sollt frei sein! Zeigt es ihnen!
und wenn sie euch kommen und drohn mit Pistolen –:
Geht nicht! Sie sollen euch erst mal holen!
Keine *Wehrpflicht!* Keine *Soldaten!*
Keine *Monokel-Potentaten!*
Keine *Orden!* Keine *Spaliere!*
Keine *Reserveoffiziere!*
Ihr seid die Zukunft!
Euer das Land!
Schüttelt es ab, das Knechtschaftsband!
Wenn ihr nur wollt, seid ihr alle frei!
Wenn ihr nur wollt: bei euch steht der Sieg!
– Nie wieder Krieg –!

Kurt Tucholsky in der Republikanischen Presse,
29. Juli 1922

Das Kriegführen ist eine viel zu ernste Sache, um es den Generälen zu überlassen, meinte der engagierte Publizist, Autor und bekennende Pazifist Kurt Tucholsky, der das preußische Militär im Ersten Weltkrieg am eigenen Leibe erlitten hatte. Er war ein Patriot der anderen Art, dem Kriegsverklärung, Soldatenkult und Revanchegelüste zuwider waren. Seine bitteren Mahnungen, scharfzüngigen Analysen und ironischen Couplets konnten die zarten Keime einer deutschen Demokratie in der Weimarer Republik am Ende nicht retten.

Tucho

< Friedrich – ein erster Europäer?

Der außergewöhnliche Wendepunkt der europäischen Geschichte von 1990 rechtfertigt diese ebenso außergewöhnliche wie unmögliche Begegnung: Friedrich *der Große* trifft eine junge, unbeschwerte Europa, die vielleicht erstmals die Chance hat, ihrerseits dem Göttervater Zeus in Gestalt eines Stieres zu zeigen, wo's langgeht …
Friedrich war kein Nationalist, aber machthungrig, zynisch, verschlagen, gewissenlos, populistisch – Eigenschaften, die Politiker aller *couleur* bekanntlich auch heute auszeichnen. Churchill, britischer Premier, trug den Staat Preußen zu Grabe. Hätte aber Gustav Stresemann, umgänglicher Außenminister der Weimarer Republik, mit dem Sir Winston hier einträchtig eine Zigarre raucht, länger gelebt, wäre die deutsche Geschichte vielleicht um ihre größte Katastrophe herumgekommen und Preußen gäbe es noch. Konrad Adenauer wandelte sich vom rheinischen Separatisten zum westdeutschen Versöhnungskanzler. Kein Freund der Preußen und erst recht allem, was östlich der Elbe lag, auf bornierte Weise abgeneigt, schloss er wenigstens dauerhaften Frieden mit Frankreich, besiegelt durch einen historischen Handschlag mit dem französischen Staatspräsidenten Charles de Gaulle. Margaret Thatcher, britische Premierministerin, und François Mitterrand, französischer Staatspräsident, waren 1989 wenig erbaut von der Aussicht auf eine neue deutsche Einheit. Diese fiel dem deutschen Dauerkanzler Helmut Kohl in den Schoß, indem er folgenschwere Versprechungen nach Westen und nach Osten machte – erstere musste er halten, letztere eher nicht. Michail Gorbatschow, letzte Hoffnung und letzter Staatschef der Sowjetunion, träumte von einem sonnigen Zimmer im gemeinsamen neuen *europäischen Haus* – bis ihm sein eigenes über dem Kopf zusammenfiel.

Ohne Sorge?

Bloß nicht mit pompösem Leichenbegängnis, sondern in aller Stille, auf der obersten Terrasse seines Lustschlosses, neben seinen närrisch geliebten Windhunden wollte der *Alte Fritz* begraben sein – und nach über zweihundert Jahren bekam er 1991 endlich seinen Willen.

FRIEDRICH
DER
GROSSE

Wenn meine Soldaten anfingen zu denken,
bliebe nicht einer in den Reihen.

Eine Krone ist lediglich ein Hut, in den es hineinregnet.

Je mehr man altert, desto mehr überzeugt man sich, dass seine heilige Majestät der Zufall gut Dreiviertel der Geschäfte dieses miserablen Universums besorgt.

Nichts ist so trügerisch, als die Menschen nach ihrem Ruf zu beurtheilen. Man kann in dem Urtheil über große Männer nicht vorsichtig genug sein.

Ihr Hunde, wollt ihr ewig leben?

Wer mit Affen spielt, wird gelegentlich gebissen.

Ihr müsst wissen, dass der geringste Bauer, ja, was noch mehr ist, der Bettler, ebensowohl ein Mensch ist, wie Seine Majestät sind, und denen alle Justiz gewährt werden muss, indem vor der Justiz alle Leute gleich sind.

Die Lehrer müssen sich mehr Mühe geben mit dem Unterrichten der jungen Leute und darauf mehr Fleiß wenden und mit wahrem Attachement der Sache sich widmen; dafür werden sie bezahlet, und wenn sie das nicht genügend tun und nicht ordentlich in den Sachen sind und die jungen Leute negligieren, so muss man ihnen auf die Finger klopfen, dass sie besser attent werden.

Ich bin es müde, Sklaven zu regieren.

Der größte Theil menschlicher Meinungen gründet sich auf Vorurtheile, Fabeln, Irrthümer und Täuschungen.

Keine Nation hat die Satire weiter getrieben, als die Engländer und Franzosen; es gab in ihren Monarchien fast keinen bekannten Mann, der nicht vorübergehend von jenem Kothe bespritzt worden wäre.

Friedrich II. von Preußen

Friedrich
RAINER EHRT

Teures Preußen!

Potsdam baggert, Berlin mauert: Als würde demnächst die Rückkehr der Monarchie erwartet, planen die einstigen preußischen Residenzen den »Wiederaufbau« monarchischer Bau-Ikonen: Nicht nur die Stadtschlösser von Berlin und Potsdam, auch die Potsdamer Garnisonkirche, Militärtempel der Hohenzollern. Im Zweiten Weltkrieg zerstört, vom »realen Sozialismus« restlos beseitigt, sollen sie in den alten Fassaden wieder erstehen. Außen geklonter Barock, innen Stahlbeton – das wird ein teures preußisches Disneyland, meinen nicht nur Architekten und Ästheten. Natürlich kann man beliebig oft steinerne Kopien eines vollständig verschwundenen Baukörpers herstellen. Ohne eine wirkliche Einheit von (nachgeahmter) Form und (moderner) Funktion aber bleiben es indes mühsam gefüllte, geschichtsvergessene, dekorative Hohl-Körper: Touristischen Attrappen voll unterirdischer Komik, hilflose Rückgriffe ins Gestern, geboren aus der Angst vor Utopie, vor Moderne, vor Zukunft. Da waren die alten Preußen mutiger!

Alles Alte, soweit es den Anspruch darauf verdient hat, sollen wir lieben; aber für das Neue sollen wir eigentlich leben.

Theodor Fontane

2012
TALIS

Play Preussen
Triptychon und Skulpturengruppe in der Ausstellung *Markierungen*, Staatliche Kunstsammlungen Cottbus 2010

Rainer Ehrt

1960
in Elbingerode/Harz
geboren

1983–1988
Studium/Diplom
an der Hochschule
für Kunst und Design
Halle/Burg
Giebichenstein

1988
Übersiedlung
nach Kleinmachnow
bei Berlin

1997
Helen-Abbott-Förderpreis
für Bildende Kunst

1998
Best political Cartoon
New Statesman Cartoon
Competition London

2004
Best of 2003 Illustration
3x3 magazine New York

2007
Brandenburgischer
Kunstpreis
Stiftung
Schloss Neuhardenberg

2008
Grand Prix World Press
Cartoon Lissabon

2010
Grand Prix Satyrycon
Legnica

Quellenverzeichnis

FRIEDEMANN BEDÜRFTIG (HG.): Preußisches Lesebuch, Stuttgart (Unipart) 1981.
RICHARD CHRIST (HG.): Simplicissimus 1896–1914, Berlin (Rütten & Loening) 1978.
HANS DOLLINGER: Friedrich II. von Preußen. Sein Bild im Wandel von zwei Jahrhunderten, München (List) 1986.
BERNT ENGELMANN: Preußen. Land der unbegrenzten Möglichkeiten, München (Goldmann) 1981.
GERHARD FLÜGGE (HG.): Das dicke Zillebuch, Berlin (Eulenspiegel) 1971.
THEODOR FONTANE: Der Stechlin, Berlin (Aufbau) 2008.
MARTIN FONTIUS (HG.): Friedrich II. und die europäische Aufklärung, Berlin (Duncker & Humblot) 1999.
MAX FRIEDLÄNDER (HG.): Max Liebermanns graphische Kunst, Dresden (Ernst Arnold) 1922.
EDUARD FUCHS: 1848 in der Caricatur, München (Ernst) 1898.
EDUARD FUCHS: Die Karikatur der europäischen Völker vom Altertum bis zur Neuzeit, Berlin (Hofmann) 1901.
EDUARD FUCHS: Die Karikatur der europäischen Völker vom Jahre 1848 bis zur Gegenwart, Berlin (Hofmann) 1903.
EDUARD FUCHS: Der Weltkrieg in der Karikatur. Band 1: Bis zum Vorabend des Krieges, München (Langen) 1916.
RICHARD GEORGE (HG.): Hie gut Brandenburg alleweg! Geschichts- und Kulturbilder aus der Vergangenheit der Mark und aus Alt-Berlin bis zum Tode des Großen Kurfürsten, Berlin (W. Pauli's Nachf.) 1900.
SEBASTIAN HAFFNER: Preußen ohne Legende, Hamburg (Gruner und Jahr) 1979.
SEBASTIAN HAFFNER, WOLFGANG VENOHR: Preußische Profile, Berlin (Ullstein) 2001.
HEINRICH HEINE: Deutschland, ein Wintermärchen, Frankfurt am Main (Insel) 2005.
CARL HERLOSSSOHN (HG.): Luise, Auguste Wilhelmine Amalia, Königin von Preußen, in: Damen Conversations Lexicon, Bd. 6, Leipzig 1836, S. 439–443.
GEORG HOLMSTEN: Friedrich II. Mit Selbstzeugnissen und Bilddokumenten, Reinbek (Rowohlt) 2001.
JENS CHRISTIAN JENSEN: Adolph Menzel, Köln (DuMont) 2003.
HANS-JOACHIM KADATZ: Georg Wenzelslaus von Knobelsdorff. Baumeister Friedrichs II., München (C. H. Beck) 1985.
CHRISTIAN GRAF VON KROCKOW: Die preußischen Brüder. Prinz Heinrich und Friedrich der Große, Stuttgart (Deutsche Verlags-Anstalt) 1996.
FRANZ KUGLER, ADOLPH VON MENZEL: Geschichte Friedrich des Grossen, Wiesbaden (R. Löwit) 1981 [Neuauflage des Erstdrucks von 1840].
HEINRICH MANN: Der Untertan, Frankfurt am Main (Fischer) 2008.
HARALD OLBRICH (HG.): Sozialistische deutsche Karikatur 1848–1978. Von den Anfängen bis zur Gegenwart, Berlin (Eulenspiegel) 1979.
GEORG PILTZ: Geschichte der europäischen Karikatur, Berlin (Deutscher Verlag der Wissenschaften) 1980.
FRITZ J. RADDATZ (HG.): Kurt Tucholsky. Ausgewählte Werke, Reinbek (Rowohlt) 1965.
HERBERT REINOSS (HG.): Simplicissimus. Bilder aus dem »Simplicissimus«, Hannover (Fackelträger) 1970.
WOLFGANG SCHNEIDER, WOLFGANG GOTTSCHALK: Berlin. Eine Kulturgeschichte in Bildern und Dokumenten, Leipzig/Weimar (Kiepenheuer) 1980.
HANS-JOACHIM SCHOEPS: Preußen. Geschichte eines Staates. Bilder und Zeugnisse, Frankfurt am Main/Berlin (Ullstein) 1992.
JULIUS H. SCHOEPS: Preußen. Geschichte eines Mythos, Berlin (Bebra) 2001.
WERNER TIMM: Käthe Kollwitz, Berlin (Henschel) 1986.
ANTON VON WERNER: Geschichte in Bildern, München (Hirmer) 1997 [Ausstellungskatalog].

Foto S. 142/143 © Petra Walter-Moll, Kleinmachnow

Impressum

© 2011 Parthas Verlag Berlin
Alle Rechte vorbehalten.
Parthas Verlag, Gabriela Wachter, Planufer 92 d, 10967 Berlin
info@parthasverlag.de | www.parthasverlag.de

Gestaltung: Rainer Ehrt
Lektorat und Satz: Silke Herweg
Gesamtherstellung: Elbe Druckerei Wittenberg GmbH

Jede Form der Widergabe oder schriftlichen Vervielfältigung, auch auszugsweise, erfordert die Zustimmung des Verlags.

ISBN 978-3-86964-049-5

RESIDENCE
SANS SOUCI
17